黃國珍的閱讀進階課

探究式閱讀

品學堂、《閱讀理解》雜誌創辦人
黃國珍——著

目錄

Why

輯一　概念內涵

五個觀念，縮短閱讀到理解的距離

What

輯二　歷程剖析

七道工法，帶你走入思考的縱深

How

輯三 探究實作

五類文本，領略層層思考的蹊徑

推薦序

探究式閱讀：經驗與抽象的邂逅對話

國家教育研究院課程及教學研究中心退休主任 **范信賢**

隨著十二年國教課綱的實施，「素養」成為大家關切的焦點，而「閱讀」做為學習方法及成果評量，亦被認為是其中的關鍵之一。值此時刻，國珍老師繼《閱讀素養》後，接力出版的《探究式閱讀》猶如醍醐灌頂，為台灣的素養導向教學及閱讀教育推進一大步。

其實，閱讀教育在台灣已有長久的推動，但除了大量廣泛的閱讀之外，佐藤學即提出二十一世紀應是「主題－探究－表現」的學習典範，國珍老師在本書中點出了「探究」的關鍵作用：有著「課題」的意識，透過「探究」歷程，更有可能提升學習的「表現」。

從國珍老師的舉例來看，閱讀所指涉的文本範圍，已從傳統的文字作品（書籍、報章、雜誌等），擴展至口語、聽覺、視覺表達等類型（言談、影視、建築、音樂、藝術作品等），乃至及於每日生活的實踐活動；換言之，閱聽者不僅是被動的受眾，在理解詮釋的參與過程中，他也建構了某種意義的再生產。可見，深層性／生成性的閱讀，即是閱聽者做為既是讀者亦是作者的一種探究式動態歷程。

再回觀教育與學習。黃武雄在《學校在窗外》中曾經提問：孩子為什麼要上學？他給出的答案是「為了和世界真實的連結」，而學校教育的主要任務乃是「打開經驗世界」和「發展抽象能力」。「閱讀」可以讓學習者乘著文字或圖像的翅膀去打開經驗世界，但如何由茲而發展抽象能力並回觀經驗世界，即需要結合「探究」。

於此，探究式閱讀讓學習者更能面向當下及未來而學習，此種學習不僅止於浮面的樂趣，它更追求意義的探詢與成長的喜悅。文本閱讀得以和學習者相逢及對話，它需要閱讀者將文本從綿延流動、融合模糊的狀態，有知覺性地加以停止或挑出來（停格），並進行某種詮釋和反省性的探究時，這些經驗才會被賦予意義，甚而成為經驗持續成長的動力。就此而言，閱讀，就不是在拼湊資訊的遺骸、找出已完成的固定答案，而是將重點放在「擷取資訊、統整解釋、省思評鑑」的鮮活建構歷程，讓學習者在閱讀探究歷程中成為解決問題的英雄，而與自己及世界真實相遇。

國珍老師的「探究式閱讀」不只停留於為閱讀而閱讀的表象技術，此書結合他豐富的學識，不僅提供多面向的實例，演練了探究式閱讀的方法，更經由內在理路的深入思辨及闡述，豐厚了閱讀理解的心法，讓我們得以「reading the word, reading the world!」，享有「打開經驗世界」及「發展抽象能力」的美好。相信透過探究式閱讀，教育及學習應能如同約翰·繆爾（John Muir）形容的一般：「陽光灑在心上而非身上，河流穿軀而過，而非從旁經過。」感謝國珍老師為台灣教育注入的動能，讓探究及閱讀成為我們學習成長的美好祝福及禮物。

生活充滿探究，而生命就是閱讀自己的歷程

社團法人瑩光教育協會理事長 **藍偉瑩**

第一次和國珍討論「探究」，是我們合作的「合一」工作坊，國珍希望能將閱讀理解與探究課程做連結，所以我們辦理了兩天的工作坊。他先讓大家經歷與思考閱讀歷程中的探究，隔天我再帶著大家以閱讀理解為基底，設計探究課程。但如果以探究的精神來看我和國珍的認識與對話，應該從我們認識的第一天開始，我們所討論的內容都是探究。

每日睜開眼，我們無時無刻不在閱讀這個世界：閱讀我們相遇的人，閱讀我們遭遇的事情，閱讀我們接觸的物件。我們因著自己的經驗，覺察到能夠吸引我們的訊息，依據所覺知的場域脈絡，解讀著我們感受到的訊息，產生理解，決定

行動。這樣的過程，就如同閱讀理解一樣，每一個讀者根據自己的經驗，擷取訊息，統整解釋，省思評鑑……如果每日生活都是探究的歷程，那我們如何從我們的經驗裡，來思考閱讀理解的意義呢？

一個人能幫助自己理解世界，同時也可能限制了自己對於世界的認識。人都有探究的本能，就如同人都有思考的本能，但我們卻仍然需要學習如何探究、如何思考，因為我們如果只用「本能」進行閱讀、思考或探究，可能就會犯了未驗證的錯誤。探究的過程，必然從我們的經驗出發，但僅僅以我們對於世界的認識，這樣的理解很可能產生偏誤，所以我們若能經常「提醒」自己，對現象所在的脈絡收集更多資訊，好幫助我們更完整地掌握與了解，這樣的理解必須在不同脈絡下仍然是一致的，能夠產生合理的關係解讀，又不會存在例外或是矛盾。這樣，至少在我們的「主觀」下，我們盡可能「客觀」地認識世界，盡可能避免自己陷入主觀與直覺。在我們對於世界有相對完整的認識之後，便會對於世界做出自己的「詮釋」。

不同的學門都有其領域探究世界的方式，無論那些方式的細節有何差異，大體上都不跳脫覺察現象、認識現象、理解現象、定義現象、擬定行動、實踐反思等過程，根據領域探究方法的差異，各自都會形成一套「詮釋」世界的形式。就如同科學研究對於現象背後的意義提出假說，進行驗證，最後形成理論模型，這便是科學家詮釋世界的方式，閱讀何嘗不是這樣的探究歷程呢？正因為如此，閱讀是所有領域探究世界共同的基本能力與歷程。

這本書，國珍用近似聊天的方式，跟大家分享他對於「探究」的探究歷程與發現，整本書寫探究，同時也真實呈現他的探究過程。我們透過他對於探究的辯證歷程，認識何謂探究，更反思自己的經驗，重新梳理自己的探究歷程。我們將不只是以本能去認識這個世界，而是從認知到探究的本質，展開有意義的探究之路。

每一天，探究著，也閱讀著自己的生命歷程。

推薦序

閱讀，值得探究

國立清華大學台灣語言研究與教學研究所副教授 **陳明蕾**

誠如國珍老師在書中所言，「閱讀」是人類的老朋友。自二〇〇〇年文建會推動兒童閱讀年起，「閱讀」更是台灣社會的極大共識，幾乎人人都說閱讀好。只是，當二〇二〇年大學入學指定科目的國文試題近一萬三千字時，也有許多人開始思考，閱讀這個朋友，是不是成了莘莘學子生命中不可承受之重？

國珍老師試著從閱讀乃是讀者透過語言表徵進行自主學習的歷程，重新檢視閱讀之於生命個體的意義。以「語言表徵」理解自己所看所見之「事」，是這本書中的「閱讀」；以「語言表徵」與自己內在經驗進行對話，也是本書中的「閱讀」；以「語言表徵」描述自己對所見之事的想法，同樣也是本書中的「閱讀」。國珍老師對閱讀有上述這些新的詮釋，使得「閱讀」這個老朋友，有了新的風貌，因為「它」不再只是個體對記載於文本上「符號」的解碼，而是「解碼」後用語言符號進行探究與思辨的「發現之旅」。

當你用這樣的視野打開這本書，從概念內涵篇開始，你就會經歷新的「探究之旅」，你會重新發現，原來少了探究與思辨的「大量閱讀」，可能讓許多讀者成了可以不斷「閱讀」，但卻只是不斷進行「被動識讀」的「解碼機器」。從歷程剖析篇，你也有機會一探「主動式的探究閱讀」，如何讓你讀出字裡行間的言外之意，也會讓你重新組織自己既有的「知識系統」。這樣的重組歷程，你會更加認識自己內在的知識系統，也會更理解不同對象所建構的知識系統。

換言之，如果你自己跟著這本書一起走一趟閱讀的探究之旅，你會發現閱讀時字數的長短，不會是你探究本質時的負荷；事實上，在探究為本質的閱讀歷程中，你對文字所賦予的意義，將使你重新「增能賦權（EMPOWERMENT）」。

如果你也和我一樣，喜歡閱讀，二〇二〇年的秋天，你可以因為這本書，對「閱讀」這位老朋友產生不同的認識。等你讀完，你可以再回頭想想，國珍老師的詮釋，你認同嗎？

推薦序

當閱讀不再只（能）是閱讀──迎向未來的探究歷程

靜宜大學閱讀書寫暨素養課程研發中心主任　陳明柔

《探究式閱讀》一書，延續國珍向來對「閱讀理解」的關切與實踐，且進一步提出「探究式閱讀」的學習脈絡與可能路徑。書中透過概念篇、歷程篇與實作篇，示範如何帶著好奇與疑問，將探究歷程與閱讀歷程合一的發現與建構之道。

在訊息雜沓、資訊來源複雜的當代閱讀情境中，閱讀的核心應該是什麼？顯然閱讀不再只（能）是閱讀，不能僅僅停留在語文能力養成與應用的工具價值層面，因為所謂單向的、封閉式的知識學習取向（或教學傾向）已不足以應對快速變動且不可預期的未來。過往的學習樣態，習於傳授已知的知識與經驗，或者基於前述認知，詮釋或發展對於「現在」問題的解方，然而這可能是一個被「已知」限制「未知」探索的學習狀態，因為我們在變動快速的「此刻」正在經歷的是生成中的未來。因此如何透過開放式的學習框架，引動學生在掌握現有知識系統與經驗法則後，仍具有主動學習意願，並習得可遷移的方法，進而擁有探究未知／未來的能力與態度，正是二十一世紀教育的共同課題。

國珍在書中希望為讀者鋪展「閱讀理解」的動態歷程，於是從核心提問出發：「閱讀」行動的核心應該是什麼？閱讀歷程應該如何開展？如果理解的過程便是探究的過程，那麼探究式的閱讀，意味著閱讀本身不再只是理解或吸收「已知」知識的被動學習過程，更是帶著好奇與懷疑，開展出具有思辨探索特質的閱讀理解歷程。探究式閱讀可以讓我們有更多機會理解正在生成中的未來，因為這樣的閱讀不再是以獲取單一答案為目標，而是讓學習者在歷程中逐步發展出提問思辨與探究解答的能力，而解答就在探究歷程中。

當學習視野被重新定位，學習透鏡被重新調整，當「探究」成為閱讀的核心，其實也意味著所有的學習歷程，都將成為探究式閱讀的歷程。國珍以《探究式閱讀》一書，回應「當閱讀不再只（能）是閱讀」此一課題，並以全書展示對於「探究閱讀」的探究歷程，也為讀者開展了閱讀的另一個面向與視野。

推薦序

毒不在那頭，在這頭

華語首席故事教練 **許榮哲**

我們該如何判讀這個世界？

閱讀《探究式閱讀》一書時，我冷汗直冒，因為它讓我聯想起自己的誤讀史。

大部分的時候，誤讀無傷大雅，所以我甚至可以不以為意地說「作者已死」，這是個多元觀點，讀者為大的時代。

但有些誤讀可沒那麼簡單了，它可能因此傷害了一個無辜的生命，甚至一整個族群。例如幾天前，才發生在我身上的事。

我家孩子的保母住在偏遠的山腳下，家裡常常有些奇奇怪怪的動物來拜訪。大部分無害，但少部分則否。

那天晚上，我們一家人在保母家的院子裡聊天。

突然，庭院裡出現了一隻要命的小煞星，頭前揮舞著兩隻大剪刀，尾巴有著像蜜蜂一樣螫人的尾針。

以上的觀察跟「維基百科」裡，對於「蠍子」的描述，九成像。

蠍子是一種有八隻腳的蛛形綱節肢動物，具有一對可固定獵物的鉗足，與細長且分節的尾，尾部末端為帶有毒液的螯針。

根據維基百科，我大叫，提醒孩子：「小心，有蠍子。」

孩子們跟著大叫：「阿公，有蠍子。」

如果我是依賴「維基百科」辨物，那麼長年住在山裡的阿公則是依賴「生活百科」辨物。

不管維基百科，還是生活百科，我和阿公英雄所見略同，這是一隻要特別小心的毒蠍子。

隨後，阿公拿出打火機跟毒蠍決鬥，惡煞抬起屁股，拱起身子，不停揮舞著牠的大剪刀，一旁的我們不停大叫「阿公小心，不要被咬了」。

最後邪不勝正，阿公用火燒死了毒蠍。

隨後，老婆把毒蠍的照片傳給她二哥，二哥熱愛攝影，而且專拍昆蟲等小動物，稱得上是半個專家。沒多久，二哥傳來我們「毒蠍子」的真實身分。

那是另外一則維基百科，上面是這樣寫的：「你們看到的蠍子名叫『鞭蠍』，但台灣並沒有蠍子。」

等等，這句話不是矛盾了嗎，難道……鞭蠍是外來種？

不是，鞭蠍並不是我們印象中有毒的蠍子，而是「擬蠍」，雖然都有個「蠍」字，但牠並沒有毒性。

「可惜，牠常被誤認為是有毒的蠍子，而遭毒手，死得很冤枉。」

這句話太寫實了。幾個小時前，我們才殺害了一隻，那時心底還洋洋得意，自以為是英雄，保護了孩子。

我把剛才殺死的「鞭蠍」簡介拿給兩個女兒看，並且特別指著「被誤認為是有毒的蠍子，而遭毒手，死得很冤枉」這段話給她們看。

兩個女兒的眼眶瞬間都紅了。

人類的主觀很珍貴，但人類的主觀一樣很可怕，小從一篇文章的誤讀，或者一條生命的虐殺，甚至可能因而引起國與國之間的戰爭。

我們該如何正確判讀這個世界呢？

維基百科？生活百科？還是依賴專家？我沒有最好的答案，但國珍的新書《探究式閱讀》肯定是一個可以從小培養的珍貴能力。

書裡提到一個「這是水」的小故事（詳見頁六一），提醒我們「愈常見的東西，愈不容易察覺」，例如空氣，因而有了「這就是水！這就是水！」的大聲疾呼。

且讓我換個說法，因為我們習慣於放大他人的惡（尤其在這個「鍵盤公審」的年代），因而很容易產生悲劇，所以且讓我們時時提醒自己，大部分的時候，毒不在眼前那頭，而是在眼下這頭！

你不知道「你不知道」，但你不知道「你知道」

臺中市惠文高中圖書館主任 **蔡淇華**

在一〇八課綱，所有知識需要靠「探究與實作」昇華為素養的關鍵時刻，國珍老師這一本新書，像一場素養大旱時的及時雨，帶領我們「探究」閱讀理解的過程，以及找到適合的文本來閱讀「實作」。

國珍老師從一則我們深信不疑的新聞，開始引導我們思考與發問：因為氣候變遷，北極熊必須無助的站在小浮冰上，慢慢地淹死與餓死……

北極熊的數目真的大幅減少嗎？

北極熊真的即將絕跡嗎？

這本書帶著我們用科學的方法抽絲剝繭，慢慢進入事實的真相，也慢慢理解，我們閱讀時的理解，有可能是創造文本者設計好的圈套。因此在資訊愈來愈多元、假消息充斥四周的二十一世紀，我們更需要有閱讀探究的素養。

這樣的素養習得不易，需要我們從人類學、符號學、理則學，甚至還要從大歷史及不同的文本中去交叉印證，才有可能慢慢地貼近。

幸好今天台灣閱讀理解大師——國珍老師，願意以自己的博學為經，以今日台灣師生的需求為緯，為我們編織出一本閱讀素養的跨時代鉅作。

是的，我們該知道，我們常常被文本所蒙蔽，因此常常我們並不知道我們「以為知道」的真相；還有，我們並不知道，其實我們「都知道」如何從資訊的迷霧中走向真相——那就是，翻開國珍老師的這本新書《探究式閱讀》，讓所有的閱讀，都得到了如實的理解！

導讀

素養導向閱讀教學最佳的工具書——真實情境下的探究式閱讀

臺北市立復興高中校長 **劉桂光**

二〇一八年一月五日下午，我跟國珍約在麗山街的一家咖啡館，討論工作坊的課程規劃，過程中他提到：「如果我們在閱讀時能夠自己對自己提問，對於閱讀理解有非常大的幫助。」對於這個在閱讀時必須自我設定的虛擬角色，我們決定用籃球比賽的第六人來稱呼。NBA每年都會頒發年度最佳第六人獎，這個獎項特別的原因是，他不是先發，競爭壓力卻不輸給先發，並且經常能夠扭轉戰局，所以叫做「關鍵第六人」。當時我們的規劃是：分組成員中有一位必須擔任關鍵第六人，藉此讓老師們體會，在閱讀中如何學習自我設定這個虛擬的人物。他的任務設定就是：提供建設性的提問，不斷透過觀察、提問來促進團隊的討論。我猜想這個「關鍵第六人」就是「探究式閱讀」的核心概念了！

這本閱讀工具書以「探究」的方式進行寫作，雖然提供了一些方法，但並不是標準答案，也與傳統的閱讀理解策略很不同。傳統的閱讀策略大概是：文本摘要、提問討論、結構分析，教學上有的會加上批判性的角度，而且多半與考試有關。國珍提出的策略內涵與傳統的關鍵差別是，他的「探究式閱讀」從「觀察、假設、驗證」出發，不是從一本書的好壞出發、不是從全盤的接納出發、不是為了考試而閱讀，是從**讓自己更新**、**讓自己成長**出發。這個策略可以把閱讀領域的經典書《如何閱讀一本書》中所提到的四個閱讀層次——基礎閱讀、檢視閱讀、分析閱讀、主題閱讀，以簡馭繁地完全掌握，這樣的閱讀理解角度我完全認同。

從教學的角度來看，「探究式閱讀」**從思考的進路展開**，可以幫助我們跳脫過去文本解析、文意批判的教學方式，可以有效地避免我們陷入知識堆疊與考試教學的框架中，非常具有開放性與自我引導的作用。探究的角度幫助我們分辨出所謂的「理解」，究竟是知識的掌握（事實知識的記憶理解），還是培養思考的技能（比較分析、推理探究的理解）。更重要的是這同時也可以**幫助學生進行自主學習**，運用書中探究的策略與方法，讓我們的閱讀理解是建立在自己的思考探究上，是延伸擴充的，是真正可以讓學生從閱讀中得到學習與成長，並帶出閱讀樂趣的閱讀策略。

一〇八新課綱的核心目標是「終身學習」，其中的關鍵在於學生是否能夠習得自主學習的能力，在離開學校之後仍能保持學習的熱情。那麼透過探究式閱讀培養自主學習的能力，可以帶出學生的好奇心，能夠感受無知的恐懼，喚起學習的熱情來解決問題，激發願意主動學習的正向循環（如下圖），我想應該是國珍推動探究式閱讀理解最終的目的吧！

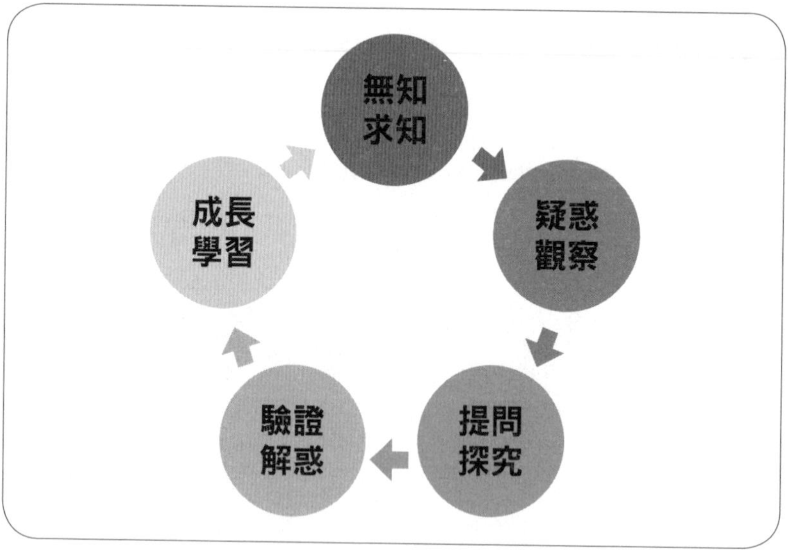

不過，這樣的探究式閱讀顯然建立在讀者具有很強大的求知欲望上，那麼對於缺乏求知欲望的讀者，如何讓他進行探究呢？國珍提出的是思考是：「在二十一世紀知識大幅更新的時代，最重要的就是『更新自己』」。我比較擔心的是：人們面對大幅更新的時代，會以為使用了這些更新的產品、習慣了這個更新的環境，自己也就跟著更新了。但實際上就跟國珍說的一樣：我們「沒有『**意識**』到將發生的情境而主動去學習，沒有『**感受**』到真實情境的刺激，學習的價值就無法被呈現出來。」這不論是在生活上、工作上、教學上都是一樣的。這個意識與感受，若是就我從書中所理解的應該是：**將生活環境的更新當成是需要「被觀察的現象」，將面對更新、接納更新的過程以「假設」來進行，最後以「驗證」的方式將自己更新，也因此把自己從「我知道我不知道」，提升為「我知道我知道」**。

也許還有很多讀者會問：我也很想探究啊！只是不知道如何進行？有什麼樣的方法可以比較容易入手嗎？對於沒有興趣閱讀、不願意探究的孩子，大人該如何引導呢？我們每天「看見」、「閱讀」和「觀察」的文本資訊非常多，都需要這樣的探究嗎？……這些問題在書中都提供了很棒的分析與策略方法，當然你也可以對作者的說法進行「探究與質疑」，而若是真的這樣，那你就開始進行「探究式閱讀」了。

我特別想提出的是：國珍經常跟我討論的文章〈師說〉，他的見解是多數國文老師會注意到，卻不會視為重點進行教學規劃的主題。那麼為什麼老師會忽視呢？在閱讀理解上，哪一種角度比較可以呈現作者的想法呢？韓愈究竟希望大家從哪一個角度來理解他的文章呢？如果「我們打個電話給韓愈」問問他？也許一番討論對話之後，韓愈會問我們：「你們的好奇心與這些探究提問，是怎麼來的？」那我肯定會這樣回答他：「來看這本《探究式閱讀》吧！」

寫到這裡，我發現我的字數嚴重超過了編輯給我的限制，但是探究式的閱讀理解，不就是會花費較多的文字進行探究嗎？何況，我還有很多地方需要進行探究啊！

自序

向黑暗丟出一顆彈珠

在您閱讀這本書之前，請先容我表示歉意，因為我再次寫了一本沒有提供答案的書，而且這本書中的內容，比起我上一本書難上許多。

不過，您若覺得難，並不是內容本身真的難懂，而是我們習慣以原有的認知去套用在一個需要重新理解的事物上。那不熟悉造成的困擾，讓我們誤以為新事物很難。這樣的困境，其實普遍反映在當前的教育現場，也成為這本書想解決的核心問題。但我畢竟不是一位智者，沒能以更具超越性的智慧與洞見來解惑。但是我對閱讀教育的現況和未來，又有著想參與的莫名責任，所以我唯一能做的就像上一本書那樣，誠實分享我自身的閱讀探究實作，做為一種更為飽滿而完整的閱讀教育假設，留下我個人的探究紀錄，讓這過程中的困惑與發現，做為後續探求的印記。

說到「困惑」，我想到閱讀領域經典著作《如何閱讀一本書》（*How to Read a Book*）的作者莫提默·艾德勒（Mortimer J. Adler）在書中所寫的這句話：

「閱讀的一部分本質就是被困惑，而且知道自己被困惑。」

我第一次讀到這句話，就被他的誠實與洞見所觸動。因為我自己的閱讀經驗，在這句話中找到了共鳴。

這句話對我而言，至為關鍵的就是：**知道自己被困惑**。這代表讀者在閱讀中有意識地覺察並掌握自己跨入未知的狀態，卻無懼於陷入困惑的境地，反而將困惑視為閱讀歷程的必然與動機。就是因為有困惑，才需要在閱讀中開展更具深度的心智參與。事實上，真正的理解是自身已知的擴張與思想維度提升的結果，而不是承襲他人的答案。

我們對於有形世界的理解和有情世間的開悟，多源自於困惑中想一探其奧義的心念，而這**基於想知道更多、想知道原因形成，以及關於發現與思考的求知歷程，便開展出最能展現人類高度心智與靈性的行為——「探究」**。

當前的閱讀教學，把擷取訊息、統整解釋到省思評鑑做為理解歷程與學習。若深刻一點來思考這過程的內涵，將會發現它與探究歷程，從觀察發現、假設提問、驗證解釋，進而反思與創造，是如此一致。這個發現會讓我們對閱讀有更明確的掌握；理解是一連串發現問題並解答困惑的動態過程，探究才是這歷程的本質。理解的過程就是探究的過程！

在閱讀的光譜中，無論是世界本身，或關於自然與社會的發現，亦或是作者轉譯自真實生活的文本，都是現象、議題、知識、資訊、觀點、論述、情感、故事……的複雜組合。從擷取訊息到省思評鑑的過程與結果來看，閱讀是一場同時向外也對內，從不知道到知道，從不理解到理解的心智開展。將已知延伸至億萬光年外的時空，思維量子糾纏的微觀宇宙，帶領我們走到科學的邊界，遇見信仰的啟示。在體悟奧義和自身反思的疑問困惑上，看到哲學的大門，跨入其中，散步至深處，覺察是人自身的探究與閱讀，將萬象開展以思，體驗於心。其過程中每個片刻都創造了個體生命的質變，讓我們超越原有心智的限制，而閱讀的意義與價值，得以彰顯在生命與時間的巨流中。

每個人的生命本身就是從什麼都不知道開始，經過一場偉大的探究與冒險，直至生命終結。有些生命悟到其中的意義，有些生命深陷於困惑卻無以自知。但閱讀中探究與理解兩者相生相隨，擴大了有形的生命場域，也豐厚無形的心靈疆界。

不只是閱讀，就算是生活中陷入困惑，也是再正常不過的事了。在閱讀與理解之間，就是一場無止境的探究。直到今天，我依舊是書中那個在黑暗中帶著同學丟彈珠的孩子，想知道自己身處何處，想知道下一步該走向何方……

這本書是我再次向閱讀中暗黑而未知的領域丟出的一顆彈珠，我期待它落地的回音，渴望確認前方就是出口。

以探究為核心的閱讀教育，並非給予技術和步驟的形式，而是要培養在閱讀中自主提出問題、釐清條件、思考問題的探究能力。具備這基礎，理解自然會發生。更進一步來說，理解並非擁有答案，而是以提問與對話的形式，開展更為深刻的思考歷程。

書中我問了許多問題，也回答了所有我提出的問題。跟上一本書一樣，請不要隨便相信我說的話，也不要輕易接受我的答案。因為，如果您在閱讀中開始懷疑或困惑於這本書的內容，並提出問題開始探究與思考，那麼您就是一位探究式閱讀者。

最後我想再以莫提默．艾德勒的兩段話，做為閱讀這本書的準備和對閱讀教育的反思。

「懷疑是智慧的開始，
從書本上學習跟從大自然學習是一樣的。
如果你對一篇文章連一個問題也提不出來，
那麼你就不可能期望一本書能給你一些你原本就沒有的視野。」

「只有一種方式是真正的在閱讀。
不要有任何外力的幫助，你就是要讀這本書。
你什麼都沒有，只憑著內心的力量，
玩味著眼前的字句，慢慢地提升自己，
從只有模糊的概念到更清楚的理解為止。
這樣的一種提升，是在閱讀時的一種腦力活動，也是更高的閱讀技巧。
這種閱讀，就是讓一本書挑戰你既有的理解力。」

輯一

概念內涵

五個觀念，縮短閱讀到理解的距離

在閱讀和理解之間，我們探究

#奄奄一息的北極熊？
#我們更常從「網路」認識世界，而非親眼所見
#閱讀，需要重新理解
#帶著一顆探究的心來閱讀吧

「閱讀」，這位我們熟悉的老朋友，在時序進入二十一世紀之後更受國際重視，許多學者綜合研究的成果，賦予它更為清晰的內涵說明，並以全球規模的尺度，將「閱讀素養」做為學生應該具備的核心學習與終身發展的根基。這背後的理由當然不只是「讓孩子喜歡閱讀」如此單一又表象的原因。「孩子不喜歡閱

讀」的成因複雜，從個別家庭到社會集體環境都有相關因素，有許多專家學者提出見解，在此我們先不討論。我想利用「探究」的方式，重新審視這個變化的原因：**為什麼閱讀素養在二十一世紀全球教育改革中得到如此看重**？我們要從哪裡開始討論呢？就從一隻北極熊開始吧！

重新認識閱讀：關於一隻北極熊的故事

二〇一七年，環保組織「海洋遺產」（Sea Legacy）的聯合創始人保羅・尼克倫（Paul Nicklen）和克里斯蒂娜・密特邁爾（Cristina Mittermeier）發表一段令人震驚的影片[1]，並且立刻在網路上引發廣大關注。影片中一隻瘦弱的北極熊，拖著幾乎不能行動的下半身，在人類居住的極地邊緣，用牠最後一絲的氣力，在垃圾桶中翻找可以吃的食物殘渣。影片結尾是那隻北極熊整個身體蜷縮在

1 參見「令人鼻酸的『皮包骨』北極熊（更新版）」影片：https://reurl.cc/Xk4dx0

一處草地上，頭伏在前腳掌上，緩緩閉上眼睛。密特邁爾說：「當我們拍攝這隻垂死的熊時，我們哭了，這就是氣候改變的面貌。」這段影片在網上瘋傳，許多社群媒體藉此影片來警告氣候變化對生存帶來的危險。

的確，影片內容值得令人省思，尤其是現在我們如此真實地共同感受到全球氣候異常的現象。但是我想提出一個問題來反思與閱讀素養相關的面向：**這段影片中北極熊的慘況，真的是當前北極熊的處境嗎？這隻北極熊瘦成皮包骨，與全球暖化真的有關係嗎？**

帶著出於好奇和懷疑所形成的問題，我開始在網路上廣泛搜尋，並大量閱讀這則影片相關的報導和北極熊生態方面的資料，最後發現這段影片背後有值得釐清與理解的內容。

人類已安然跨過千禧蟲的危機，但橫在面前的是全球暖化導致氣候異常的嚴峻考驗。地球與環境科學家早在上個世紀已關注此現象多時，但是直到二十一世紀才成為全球人類共同關注的問題，各國領袖也簽署國際公約，以表達對氣候問題的重視，並採取相關行動。二〇〇六年四月三日美國《時代》雜誌以全球暖化做為特別報導的主題，封面放上巨大的標題「BE WORRIED. BE VERY WORRIED.（憂心，非常憂心）」；封面照片是一隻北極熊無助地站在一片小浮冰上，那塊浮冰周圍也都是一些薄薄透明的浮冰片，牠望著眼前冰片的神情彷彿在問：「怎麼會這樣？怎麼辦？」《時代》雜誌指出，由於全球暖化的影響，已經有北極熊淹死，而且整個族群甚至可能滅絕。這隻陷入茫然無助的北極熊，似乎瞬間成為人類與世界面臨全球暖化威脅的象徵。

二〇一七年和二〇〇六年相隔十一年，兩則全球暖化的報導都以北極熊做為主角，透過媒體的傳播，北極熊似乎像螢火蟲般成為環境問題的指標，我們也理所當然地接受媒體傳遞的訊息。學校以北極熊為環境教育的教材，甚至發起搶救北極熊的活動。北極熊一身雪白的外表在視覺上格外耀眼，尤其北極熊寶寶的萌樣十分討喜，和憨直可愛的熊貓同為動物世界的超級巨星，深受世人——尤其是小孩──喜歡。**所以，有沒有可能，這些北極熊面臨生存困境的影像，並不是牠們真實面對的存滅危機，而是有目的的行銷或公關操作的刻意選擇呢？**

英國BBC電視台曾經追蹤二〇一七年這則影片並有後續報導，報導中引用不同媒體與其他長期觀察北極熊生態的專家學者對這段影片的看法，內容如下：

加拿大《國家郵報》指出：「這些圖片不是科學家的作品，也不是中立的紀錄片工作者的作品，甚至也不是憂心忡忡的旁觀者的作品。它們是精心策劃的公關活動的一部分。」

生物學家傑夫・希格登（Jeff Higdon）在推特上發表他的看法，他認為影片中這隻北極熊可能患有某種侵襲性的癌症。牠挨餓，不是因為冰突然消失，使牠再也不能捕獵海豹。他說：「東巴芬海岸在夏天是無冰的，牠可能是因為健康問題而挨餓。」不過，傑夫・希格登也表示他不能肯定。

里奧．伊卡奇克（Leo Ikakhik）多年來一直在加拿大努納武特地區監測北極熊，他告訴加拿大CBC電視台，北極熊斷斷續續進食，經常長期不進食，並在有大量海豹肉和脂肪的情況下大吃大喝。飢餓的北極熊並非前所未聞的，這種事情時有發生。每個人看到一隻非常瘦的熊，可能都會感到震驚，但這已經不是他第一次看到這樣的情形。他還推斷，這隻熊可能是生病或受傷了，導致牠無法狩獵。

看到這裡，你原先被影片激發的同情心開始動搖了嗎？別急，還有其他資訊。著有《持疑的環保論者》一書的丹麥學者隆柏格（Bjørn Lomborg），在他談全球暖化的著作《暖化？別鬧了》中，提到關於北極熊與全球暖化宣傳的資料，我簡要摘錄如下：

世界自然基金會（World Wildlife Fund）在二〇〇二年提出一份報告，警告北極熊可能會在二〇一二年前停止繁衍並在未來的十年間滅絕，後代子孫只能在書本或影片資料上看到這種動物。接著科學家在二〇〇四年發表了「北極氣候影響評估報告」，也提及北極熊瀕臨滅絕的危機。因此北極熊將滅絕的故事過去幾年來一再出現於傳播媒體。這兩份報告主要根據世界自然保育聯盟（IUCN）的北極熊專家小組在二〇〇一年公開的研究報告，但該小組的報告實際內容是說，北極熊有二十種亞群組，其中一兩種在加拿大巴芬灣的數量愈來愈少，但有其他十多種亞群組的數量很穩定；波弗特海周圍有兩種北極熊的數量則迅速增加。此外，由於獵捕法令愈趨嚴格，全球的北極熊數量在過去幾十年來有明顯增加，一九六〇年代只有五千隻，現在則高達兩萬五千隻。這些數據和我們從媒體上建立的認知有相當大的差異。近期的報導中都忽略了事實，數量減少的北極熊群組，其實棲息在過去五十年來氣溫比較低的地方，而數目增加的群組卻住在溫度愈來愈升高的地方。

綜合上面幾段資訊，同樣是談全球暖化對北極熊生存的影響，卻有兩種不同的陳述。到底現在「**北極熊還好嗎？**」或者我該問：「**我們的認知還好嗎？**」

根據文本，我們要如何統整前面的資訊？可以發展出什麼解釋？省思評鑑什麼？

海量訊息左右了我們對世界的認知

客觀來說，全球暖化導致氣候異常是確切無疑的，全球的物種包括人類自身都共同面對環境改變帶來的生存挑戰。但是在這個議題的宣傳上，北極熊因為廣受大眾喜愛的特質，透過媒體的刻意選擇，忽略物種族群相關的調查數據，被應用成為全球暖化的受害代言人，藉以宣傳募集資源。這其中的是非，還需要驗證許多資訊，所以目前難以論斷。**但是關於省思，我認為有一個明確的現象值得我們重新認知及反思——我們對於這個世界的理解，已不再是透過親眼所見，而是從不同管道中他人提供的大量訊息去建構而得**。這固然不是現在才發生的事，但從訊息的數量、來源的複雜到提供訊息的手段，在已知的歷史中從來不曾有過任何年代像今天一樣。

二十一世紀是資訊的時代，資訊從各種管道呈現在我們眼前，從正面來看，這些訊息擴大也豐富了我們對世界動態的掌握，例如北極的融冰、東歐的難民或中亞的戰爭。但從負面來看，它取代也阻隔了我們以真實所見與實際體驗來建立認知，甚至我們對每天的天氣也失去自己判斷的能力，需要仰賴氣象主播的說明或是APP圖像資訊的閱讀而得知。與其說我們認識世界，不如說我們「知道訊息」。在這樣複雜的資訊閱讀情境中，原本看來單純，只要字詞達到相當的豐富量，應用我們習得的詞彙與相關表意符號，就可以進行幾乎無障礙的閱讀認知，恐怕已經無法滿足真實生活的要求。

以探究的態度建構閱讀的歷程

在這個真假不明、是非難分、未知大過於已知的真實情境裡，閱讀需要填補上什麼條件才能更符合這時代的特質，並接軌未來的需要呢？我認為是「探究」——一種新的閱讀思維與方式，「探究式閱讀」便是帶著好奇與疑問，將探究歷程與閱讀歷程合而為一的發現和建構之道。

本篇文章的寫作紀錄過程，就是一場探究式閱讀實作的極短篇，從一隻北極熊的影片引發出核心問題：北極熊真如影片中所呈現，因為全球暖化的影響而變得羸弱殘喘嗎？接下來開始自主、有意識而廣泛地搜尋、大量閱讀，內容都圍繞在核心問題上，各自獨立卻又互有關聯，包含已知的知識與未知的觀點，歷程中有需要學習的新知識，也有必要修正的舊認知。最後反思宣傳的正當性可能導致錯誤的認知，驚覺我們對世界的認知其實來自他人的視角，體悟到這是一個可以透過媒體操弄理解的時代，因此閱讀更需要新思維方能面對未來。

通過這樣的過程，將探究做為閱讀的核心，思維得以伸展，理解更加深刻，學習跨越領域，眼界因此開展，閱讀成為帶領我們往未知前進的力量。

閱讀的理解歷程，就是探究的歷程！

#傳道授業遠遠不夠，師者更要教理解！
#雲端的「雲」都準備好了，「端」呢？
#從未知到已知的距離有多遠？
#回應未來的唯一方式是「探究」

大海的另一端是什麼？星光距離我們多遠？為什麼月亮會有圓缺的變化？我為什麼誕生在這世界？活著的意義是什麼？死亡是終點或是另一段冒險的開始？

探究的歷程，形塑了今日的文明

人類對這世界和自身處境的好奇所開展的探究與理解歷程，讓人類逐步認識自己所生活的世界，同時也開展對自身的了解。認識世界的過程是段漫長的歷史，人類對世界萬象的解釋，從卑微地敬畏大自然，想像雷電風雨撼動天地的力量背後是眾神之間的恩怨情仇，發展到以神的話語為主體，做為知識威權與生活教條的宗教年代，再到以人自身觀察與驗證的理性思維發展出對萬物存在的解釋，解決人類問題的啟蒙時代。這過程中勇於求知的精神，將人類的心靈從原始狀態中逐步解放出來。隨著我們對世界與自身理解愈多，世代積累的問題和答案也逐漸成就人類文明的發展，並彰顯人類此一物種與眾不同的思維高度與靈性。

我們面對這世界，從未知到已知，從有問題到有答案，仰賴完整的探究思考過程。提問是打開世界的鑰匙，而答案往往隱藏在問題裡。人類文明之所以能開展延續，其源頭並不是因為找到答案，而是擁有發現問題及解決問題的能力。

為理解而教——數位時代的教育變革

二十世紀九十年代，教育學者與社會學家已觀察到數位時代對生活及工作全面性的影響。知識以數位資訊的形式存在網路世界，獲取方便而且成本低廉，只要每個月支付網路費用，就有海量的知識內容可取閱。而且有許多人在平台上分享的知識內容，可能比學校課程更加精采豐富。學習也因為資訊傳播的自由，不再受限於年齡所構築的階段區分，更取決於每個人的意願、態度與能力，小學生在網路上跳級學習不成問題，每個人都有機會依自己的需求學習不同領域的事物，成就跨域或斜槓的豐富生活。因此，有識的教育者提出，課程與教學應該脫離只重灌輸知識的「為傳遞而教」（Teaching for Transmission），轉向「為理解而教」的教學（Teaching for Understanding）。

英文 Transmission 在字義上的解釋是 the process of passing something from one person or place to another——把一件事物從一個人或地方傳遞到另外一人（地）的行為，由這個解釋看來，是聚焦在傳遞的過程。放到教學上，教學就是將知識從A點（教師的頭腦）傳遞到B點（學生的頭腦）的行為，但這是以教師為中心的思維，教師是知識的分配者、真理的仲裁者和學習的最終評估者。而Understanding字義為：To know the meaning of something that someone says and know why or how something happens or works——理解事物或話語中的意義內涵，或了解某事的原理與發生的原因。為理解而進行的教學，重視學習者在學習過程中對事物與人的理解，這理解的結果是學生自身能力的展現，所以教學的目標是使學生能夠自主進行各種探究與思考，尋找證據、歸納、分析、統整、提出解釋或解決方案，並以新的方式傳達該主題。

從根本來比較，「為傳遞而教」是老師把知識依系統由基礎到複雜高深，安排在不同時間順序，傳遞有限度的、已知的知識內容給學生學習。而「為理解而教」是教學者藉由問題引導學生展開對事物的探究，不以單一解答為目標，而是協助學生發展合理可驗證的歷程，經過討論的建構過程，形成對事物的理解，逐漸掌握對提問的思考和探究答案的能力。學生在這個過程中積累經驗，習得方法，擁有知識，進而掌握探究未知的能力與態度。比較兩者的利弊，傳遞式的教學利於學生進行具體知識內容的吸納，卻難以像理解式教學般，兼具知識與素養能力的並行發展，成就更理想的智慧培養。

如此重大的教育變革，當然不會是一種自絕於我們所處環境的改變；促使教育如此翻轉的背後，是一個時代巨大的典範移轉。有時借鏡其他事物的學習，更能從其他角度反觀原本關注的事物。接下來關於電腦資訊科技發展的例子，或許可以讓我們更清楚理解這種改變的必要性。

「雲端」時代的自我能力提升

二十一世紀的生活中，「數位環境」已經成為不可或缺的條件，有人開玩笑說，過往只講陽光、空氣、水等生命三元素，現在必須把網路加進去，成為生命四元素。行動通訊技術從3G、4G到即將實現的5G，對生活帶來根本的改變，其中一項是透過數位環境提供高速的資訊交換與運算，創造更多樣的服務。這些改變也改變了數位系統本身，發展出「雲端運算」的構想。

簡單來說，雲端運算就是將運算能力雲端化，並做為一種企業或個人可以透過網路獲得的服務，也就是讓網路上遠在他方的電腦幫你運算做事，大幅提升效益。你需要的資料與運算，不必儲存在個人電腦上，而是放在網路的「雲」上面，只要有網路的地方都可以取用。這種日漸成熟的作業環境，「雲」即是我們最熟悉的網際網路（Internet）；「端」則是指使用端，包含使用者與載具（Client）。由於不斷出現的資訊來自於「雲」也存放於「雲」，所以處於「端」的載具和使用者，就不需要巨大的資訊儲存硬體。

這項改變將載具從尺寸和重量的限制中解放出來，可以做得更為輕薄短小，甚至融入服裝、穿戴在身，或如科幻電影般植入身體。不過數位載具的發展並非只是縮小尺寸或改變形式而已，而是於此同時不斷提高作業系統的效能，發展多工的平台，創建個別具專業功能的ＡＰＰ與軟體，讓使用者滿足需求、解決問題、創造價值。換句話說，電腦由巨大而單一的功能發展為輕薄多工的強大工具，是因為數位網路提供海量的資訊，同時以雲端運算的高階服務替代了使用端電腦的效能。這樣看來，**「端」的功能與作業形式都已經對應真實情境改變了，那麼在整個雲端數位系統使用端的人，怎麼能不提升自己的能力與思維呢？**

當前的數位環境，提供了多元的資訊搜尋與學習管道，擁有廣泛的訊息交流網絡，可跨越空間與時間的隔閡，解放語言形成的障礙，聽見不同的聲音，理解差異的觀點，這早已超越傳統學校與老師能提供的內容。一個有好奇心、願意探究的孩子，完全可以不受年紀的限制，自己設定計畫，主動學習，發展個人，參與世界。於是，過往學校傳遞知識的教學內涵可以被數位環境取代，學校也就必須轉向以理解與素養為內涵的教育，提升「端」也就是使用者自身的條件，如同數位載具提升效能進行多工作業一樣，讓自己能夠有效應用強大的數位工具及無限的數位資源，去實踐自身的生命目標，創造個人價值。

閱讀的核心內涵在於探究

在這「雲」和「端」帶動改變的新時代，人需要更強大和進階的理解與思維能力，充分使用所有資訊去解決問題，然而以此為教學前提而廣為各界重視的閱讀素養教育中，卻有一項關鍵而核心的內涵，一直未能獲得正確的認識，那就是：**閱讀理解歷程，本身就是探究歷程！**「探究」精神在閱讀教育上需要被提醒並重視，因為從擷取訊息、廣泛理解、發展解釋、統整解釋到省思評鑑，從不知道到知道，從不理解到理解的建構式閱讀歷程，其內涵就是「探究歷程」。

素養並不是傳遞答案的捷徑，因此教學者在課程規劃上不應只看見閱讀表面的步驟，更需要理解步驟背後的探究精神與內涵，否則將流於形式操作甚至劃錯重點的閱讀課，最後仍無助於學生理解與思考的培養。

我們生活的世界設下「未來」這道大哉問，需要孩子建立以探究為核心的積極參與，通過主動思考和探究驗證的過程，在未知與已知之間建立聯繫，從而建構可更新增長的知識學習，才有辦法回應所謂的「未來」。

問題在還沒探究之前，無法確定答案；但可以確定的是，在還沒找到答案前的探究歷程，必定充滿發現與學習。

真相始終存在，關鍵在於探究

#對於宇宙萬物，我們如何閱讀探究呢？
#一百三十八億年前發生了一場大爆炸……
#哥白尼的探究，解放了世人眼中的宇宙
#「水是什麼鬼東西？」顯而易見的事，反而難發現

人對於宇宙與自身存在的提問，從古至今未曾停過。而探究答案、從不知道到逐步建立對萬物理解的過程，是人類心智、勇氣、意志、思維的偉大展現。或許從「宇宙誕生」和「太陽與地球誰繞著誰旋轉」這兩則大哉問的探究過程，可以讓我們更貼近閱讀的原貌，看見它跨越領域探究的本質和發現世界的意義。

關於「宇宙起源」的探究

宇宙是什麼時候誕生的？怎麼誕生的？它又是如何演變成今天的浩瀚無際呢？這些終極性的大哉問，一直到六十多年前，科學家才逐漸有憑有據地作出解釋。根據現今最廣為人知與認同的理論，我們生存的這個宇宙，誕生於一百三十八億年前的一場大爆炸。

宇宙起源於一個單獨無維度的「奇點」，它極其微小，很可能比一個原子都小。這小小的點在空間和時間上都沒有尺度，卻包含了宇宙全部物質、能量、粒子、空間和時間。在難以用數字衡量的高溫與重力作用下，奇點發生一次巨大的爆炸而急劇膨脹，空間和時間在膨脹的過程中誕生了，各種奧妙的力量如引力與電磁力也相繼出現。而組成物質的基本粒子夸克也在此時出現，元素逐漸形成物質。宇宙冷卻的過程，經歷一系列不同的變化階段，直至今日我們知道的宇宙。

但是在這個理論提出之前，我們對宇宙的認知並非如此。二十世紀中葉以前，大多數天文學家仍認為宇宙沒有歷史，它從一開始就如現在所見一般的存在著。為什麼我們對宇宙形成的認知會有這樣大的改變？那是因為我們生活的這個世界，是被人類發現探究出來的。

一九一〇年代，理論宇宙學家應用愛因斯坦的廣義相對論來探討宇宙的動力學，推估宇宙正在不斷膨脹中。不過受限於當時天文觀測技術落後，沒有足夠的數據驗證這個學說。直到一九二〇年代，天文學家哈伯（E. Hubble）以具有直徑二．五公尺反射鏡的望遠鏡，觀察出銀河裡看似微弱的星雲，其實是位在距離我們數百萬光年外的星系中，並從觀測得到的紅移現象確認遙遠的星系正以極高的速度遠離我們的星系。這表示星系之間的距離也隨著時間不斷在增加。他的研究讓天文學家對於宇宙何其浩瀚有了新的視野，也印證了宇宙膨脹學說。

一九三〇年，天文學家加墨（George Gamow）發表形成宇宙的「大霹靂」（Big-Bang）理論。他認為宇宙始於一次難以想像的巨大爆炸，這次爆炸創造了今日圍繞著我們的所有元素。大爆炸開啟了空間的擴張與時間的流動，從一個點逐漸延伸至現今我們所認知的萬物，組成我們身軀的元素也來自於那場巨大的爆炸，甚至可以說我們是大爆炸的延伸產物。後來，這個學說被稱為宇宙的「大霹靂模型」（Hot Big-Bang Model）。此後，宇宙學便從純粹理論的階段發展成一門實質的科學。一九六四年，美國貝爾實驗室的彭齊亞斯（Arno Penzias）和威爾森（Robert Wilson）利用微波天線接收機，意外發現了宇宙大爆炸後遺留下來的宇宙微波背景輻射，為大霹靂模型提供了最重要的證據，他們兩人也因此共同獲得一九七八年的諾貝爾物理學獎。

從一九一〇年代到一九七〇年代，這將近六十年的時間裡，許多科學家觀測星空，陸續發現許多令人困惑的問題；他們探究其背後的原因，逐漸理解「宇宙誕生」這長篇文本中不同的章節和演變的脈絡，最後建構出合理的解釋。這個過程與閱讀建構意義的歷程如出一轍。在閱讀領域中有一本經典著作《如何閱讀一本書》，作者莫提默・艾德勒（Mortimer J. Adler）以主編《西方世界的經典名著》，並擔任一九七四年第十五版《大英百科全書》的編輯指導而聞名。他在書中的一段話清楚說明閱讀的探究本質：「閱讀的一部分本質就是被困惑，而且知道自己被困惑。懷疑是智慧的開始，從書本上學習跟從大自然學習是一樣的。如果你對一篇文章連一個問題也提不出來，那麼你就不可能期望一本書能給你一些你原本就沒有的視野。」同樣的道理，科學家是在閱讀自然萬物的困惑中，以探究的過程建立對萬物的理解，開啟了原本沒有的視野。這個世界是因為科學家的發現與探究才能被理解。對閱讀來說也一樣，**文本的內涵是被讀者發現與探究，才得以被理解**。

關於「日心說」的探究

接下來，我們把時間場景移到西元一五四三年五月二十四日。這一天，虛弱垂危的哥白尼躺在病榻上，終於盼到了從紐倫堡寄來的《天體運行論》樣書，這是他完成多時卻遲遲不敢發表，直到後世才被譽為現代天文學起點的劃時代巨作。但根據記載，哥白尼在出版前二個月身染重病，當這本書送到病榻前，哥白尼的眼睛已經瞎了，只能用手撫摸這本代表渺小人類在終極問題的探究上，所展現的偉大心智與點燃真理之火的著作。

在哥白尼所處的時代，盛行的是托勒密（C. Ptolemy）的天文觀點——地球是宇宙恆定的中心，其他星球包括太陽都圍繞著地球轉動，所以我們才會看見太陽東升西落，群星也以相同的軌跡環繞地球運行。哥白尼當時雖然身為天主教教士，但是從一五一二到一五二九年，他以自己製作的日晷、三角儀等工具，進行了大量的天文觀察，累積關於行星運行、日月蝕等大量資料。透過他對天體的觀察，並分析了不同學者記錄的天文資料後，愈來愈覺得天空星辰的變化，反映的是「地球繞太陽運行」的結果。星球運行以太陽為中心的看法，不僅符合當時的天文資料，並且理論本身更能呈現自然界簡單的規律。根據這些資料，他可以完全確信托勒密的「地心說」是錯誤的。不過哥白尼知道若提出這個觀點，將引起極大的紛爭與教會的反對。所以他把自己的觀點寫成一篇一篇的報告，直到病重時才正式委託出版。而他應該不曾想過，當時只印六百多本的《天體運行論》出版之後，翻轉了人類理解宇宙的視界，受到啟發的學者包括克卜勒、布魯諾、伽利略、牛頓……，這些學者也接續了對這世界的探究與學習。

世界本身是全然中立的，以一套自我圓滿的秩序運行，在我們意識到它之前就以億萬年的尺度存在。哥白尼提出「日心說」這個故事最吸引我的地方，在於當時對宇宙的視角，是從自我為中心的心智慣性去理解那片眾人仰望的星空。但哥白尼透過觀察與探究，看見一直存在的事實，解放了「地心說」背後以「我」為中心的理所當然，認知地球與太陽系的關係，擴大思維的向度，改變了人們對地球的價值觀，甚至重塑了宗教觀與哲學觀，覺察人在宇宙中真實的處境，非但更加理解宇宙的秩序，也認識到人類的渺小與心智力量的巨大。

事實上，世界在人類未曾意識其存在並開始觀察前，就像一篇不曾被閱讀與探究的鉅著，放置在書架上，沒人知道其中的內容，更別說理解創作者的奧祕。包括哥白尼、牛頓、康德等西方科學與哲學巨人，或是我們文化源頭的偉大思想家老子、莊子對自然生息之道的洞見，都是源自於對「萬物」這個文本進行微觀或宏觀的閱讀與探究。

有探究內涵的閱讀

「探究」是一種積極想知道事物現象背後成因或真相的心智活動，源起於疑惑或好奇，提出一個模糊不明確的猜想，加以修正成為可進行研究的問題，開展對答案的追尋歷程。這與「閱讀歷程」從文本的客觀事實逐步建構出意義，了解背後脈絡發展並提出解釋，是同一套跨出自我認知限制，面對未知卻能開展理解，並且建構解釋與意義的原則。因此，融入探究精神的閱讀，在情意豐富的文學著作中，除了在感性層面上體察作者傳遞的情意外，更能理性地透過字詞語意的脈絡結構或作者背景與歷史年代等綜合條件，探究一篇作品為何如此動人。在面對社會或自然科學議題本身或資料閱讀時，可以對現象進行觀察，形成廣泛的理解，藉由分析歸納，統整並解釋出背後的原因，還原閱讀素養跨領域的本質，真切地感受其價值。但是這顯而易見的事，通常難以改變，更不易發現。

美國短篇小說家華勒思（David Foster Wallace）在二〇〇五年凱尼恩學院（Kenyon College）畢業典禮上發表一篇著名的畢業演講，標題是「This is water」，中文翻為「這是水」。我很喜歡他在演講開頭講的一個小故事：

有兩隻小魚在水裡游著，恰好遇到一隻老魚迎面游來。老魚對他們點頭致意，然後說：「孩子早！水怎麼樣啊？」兩隻小魚沒答理，繼續游了一會兒，其中一隻終於忍不住看著牠的同伴說：「水是什麼鬼東西？」

這個故事雖然短，卻很有深意，因為它提醒我們一件事：「顯而易見且至關重要的事實，通常難以察覺，無法言喻。」就像閱讀，很多人都知道閱讀素養亟待加強，卻沒有覺察到「探究答案與閱讀理解的內涵實為一體兩面」如此顯而易見的關聯，也就無力去理解閱讀教育真正的內涵，並提出合理的課程設計。所以華勒思在演講的結尾是這麼說的：

這個獨一無二的真理，與死前的人生有關，與理想教育的真正價值有關，幾乎與知識無關，而完全跟意識覺察有關。對事物的覺察是如此基本而實在，真理自始自終隱於我們生活周遭平凡無奇之處，以至於我們必須不斷地提醒我們自己：「這就是水！這就是水！」

真實的情境，真實的問題
——關於素養評量的思索

#這世界還是我們向來熟悉的世界嗎？
#知識更新週期縮短了！不要再教我以後用不到的！
#系統都在更新，我的老師更新了嗎？
#我們要對「新型冠狀病毒」展開深度閱讀
#杜威爺爺教的思考方式學起來

到學校帶工作坊，陪伴老師一起轉換過往教學經驗為素養課程的設計思維，成為近幾年的工作重點之一。各年段、各科老師都面臨有待克服的挑戰，在這些不一而足的問題中，有幾個問題的討論頻率很高，其中在談及評量規範時經常聽到「真實的情境，真實的問題」這句話。

這句話除了說明素養評量的內涵外，也對過往偏重知識記憶，追求唯一正確答案的標準化紙筆測驗提出反思的觀點。但是這個規範性的說明背後，本身就隱藏一個真實的情境與真實的問題值得探究。

如果現在教學與評量都需要建立於「真實的情境，真實的問題」之上，是否間接表示過往的教學內容不是真實情境，不是真實問題呢？但是從學科內容來看，社會科中的歷史講的都是真實發生過的事，關於社會制度、公民權益、世界的地理環境等，也都是真實的。而自然科的內容更是如此，地球科學提到的宇宙星辰在夜晚舉目可見，物理中的力、電、能、原子則構成自然界的物質或秩序。數學科本身雖然抽象一些，但是生活中的應用處處可見。語文的國文、英文，在每日生活中隨時可以用上……難道這樣還不夠真實嗎？

這下有趣了，看樣子學校老師根本無須勞心費神重新設計課程，或為素養考題燒腦汁，大家誤會一場啊……。然而，這個議題確實存在當前教學相關的討論中，值得進一步釐清。

更新，讓我們能因應快速變動的時代

關於「真實的情境，真實的問題」這句話應該怎麼理解，不妨從回答下面的問題開始：

這世界還是我們向來所認知、熟悉的世界嗎？

二十一世紀的世界，雖然太陽依舊由東邊升起，但是在不知不覺中已經改變了面貌。地球的氣候在全球暖化效應下，一年四季的變化模糊了，各區域原本的氣候型態走向極端。隨著數位化環境的基礎建設落實，智慧型手機除了取代固網電話之外還有更多功能：手機上可以隨時觀看電視節目；購物可以不帶錢包，行動支付更方便。Email 取代郵寄的信件，社群ＡＰＰ的訊息功能又逐漸取代 Email。YouTuber 成為年輕世代最想從事的工作。世界最大的產油國不在中東地區，而是美洲的美國。中國成為世界第二大經濟體。學生不必到校上課一樣可以學習，投影片可以取代黑板，除了學習知識還要具備素養。以前出門不必戴口罩，現在沒有口罩別想出門……。

這世界的真實情境，是我們活在一個人類史上前所未有、快速更新的時代。

關於人類知識及社會更新的週期，聯合國教科文組織有一份報告提供了具體的數據（如下表），讓我們更切實地感受知識更新的速度：

年代	人類知識更新週期
十八世紀	八十～九十年
十九世紀到二十世紀初	三十年
二十世紀的六〇～七〇年代	五～十年

二十世紀八〇~九〇年代	五年
二十一世紀	二~三年

二十一世紀平均二~三年知識就大幅更新，在學校教育上就會出現教科書改版的速度趕不上知識更新速度的情況。這也意味著過去的經驗與知識，很可能無法符合現在真實情境的需求。在這個「知識更新、技能更新、觀念更新，價值更新」的時代，你認為哪一項能力條件最重要而且最符合未來的需要？我不知道你的答案為何，但是如果你問我，我認為最重要的是「更新自己」。活在一個無時無刻都在變動更新的時代，卻沒有即時更新自己的能力，終將失去與時俱進和發展自己的機會。

主動學習以求更新

談到教育與學習，一般認知上著眼於「學習新知」。但是有愈來愈多的情況提醒我們應當建立一個新觀念：「學習並非單指從頭去了解未知的事，更要更新自己原先知道或是認為正確的事。」此一觀念在快速變動的時代更顯重要，而更新自己的關鍵在於有意識地覺察自己的不知道，從而開啟自主學習，以達到更新的結果。

假如你要更新電腦，雖然會花點時間，但還算方便，只要執行更新光碟或從系統廠商網站下載的內容，再重新開機就完成了。不過從人腦中的作業系統到知識內容的更新，相對就麻煩多了。因為人腦是透過「學習」進行更新，一個人如果本身沒有意識到自己需要更新，缺乏自主學習的能力，就不容易從原先的固有認知上更新自己。

面對真實情境中的問題，我們經由學習而更新自己的需求便更為彰顯，只是有「付出代價後才被動的學習」或「意識到將發生的情境（問題）而主動去學習」兩者的差別。但無論何者，透過真實情境的刺激，學習的價值更容易被看見，素養的價值才有機會被理解。

探究式閱讀有助於解開未知

二〇二〇年肆虐全球的新型冠狀病毒，就是一個「真實的情境，真實的問題」活生生的例子。當疫情在原爆發地開始擴散，確認會人傳人，而且發現這個病毒的特性有別於以前對冠狀病毒的認知，過往的知識與經驗不足以說明與預測時，全球的醫學與公衛體系開始「閱讀」——閱讀什麼呢？除了過去對病毒的研究文獻外，也深度閱讀這隻新冠狀病毒本身，從分子結構到引發的感染症狀，對這全新未知的病毒提出問題：

- 病毒從何而來？
- 病毒的分子結構如何？
- 病毒的RNA與DNA結構如何？
- 新型冠狀病毒和之前的冠狀病毒有何不同？
- 病毒為什麼不會引發嚴重的上呼吸道症狀？
- 為什麼病毒入侵潛伏期不會使身體發燒？

‧病毒的傳播方式與途徑為何？

‧病毒會對病患留下什麼後遺症？

透過上述疑問提取的訊息，形成廣泛理解，發展並統整出針對新病毒與防疫行動的解釋。接下來進行省思評鑑，提出解決問題的提問：

‧多少口罩能滿足防疫需要？

‧如何讓大家都有口罩？

‧有口罩就能解決感染的問題嗎？

‧根據傳染型態與途徑，有更有效的防疫觀念嗎？

‧勤洗手與保持社交距離會更有效嗎？

‧病毒如何治療？

‧如何研發有效的疫苗？

除了針對病毒本身，也同時對疫情造成的政治、經濟、民生層面的影響，提出下列的問題，進行省思評鑑：

‧疫情對社會帶來哪些影響？
‧經濟該如何在疫情擴大與趨緩之後維持發展？
‧如何協助民眾與企業度過衝擊？
‧疫情會如何改變國際局勢？
‧台灣在防疫上的傑出表現，如何擴大為正面的力量回饋國際社會？
‧面對紛亂的疫情訊息，如何建立正確理解？

無論新型冠狀病毒本身或這場疫情對未來的影響，還有太多未知的問題，需要閱讀、探究和理解。

從上述面對疫情的過程來看，先備知識與經驗有重要的價值，但是在面對未知時，有更多的理解是在探究與閱讀中大量提問並逐步釐清問題的過程中建立起來的，有了新的、更充分的理解之後，就能採取合理而正確的行動。像這樣從真實情境的問題開始，同時結合「探究」與「閱讀」的過程，正是「探究式閱讀」更貼近生活並真實應用的情境，也是它與其他閱讀不同之處。

「探究式閱讀」改變的不只是讀者的閱讀態度與行為，也進一步讓我們重新思考閱讀素養教育中提及的廣泛、大量閱讀的內涵。這個內涵，除了建立在老師給予的書單，更應建構在真實需要理解的議題與事物上，由學生自主開啟廣泛的閱讀領域。藉此，從真實情境與問題延伸出來的閱讀歷程，不但有發現問題和解決問題的練習，更有加深加廣學習新知及更新認知的機會。

以終為始，走向素養學習的評量

最後我們回到本文一開始談到許多老師與家長關心討論的主題：真實的情境、真實的問題與評量考試改變的關係與必要性。

過往我們熟知的考試題目創造出一種近似「虛擬實境／VR」的結果。考卷中以考題布建的虛構情境裡，學生要回答問題、解決問題，但是回到真實生活中，卻不盡然能發現問題、解決問題。就像美國哲學家杜威（John Dewey）的

「思考」五大邏輯步驟，考試中若以它做為問答題，許多人甚至能一字不漏完整默寫，但在生活中卻不會使用這些步驟來解決真實問題。

人們記得住知識或語言符號，但是不見得理解；即使有理解，也不見得能應用於解決真實問題；即使有能力，還需要有意願。以這結果來看，過往評量確實難以鑑別轉化訊息、應用知識以解決問題的素養。為了調整過去評量設計的不足，並且檢核學生「處理訊息以理解情境，發現問題並定義問題，最後統整所學以解決問題」的歷程，確實鑑別出其學習表現，才有素養評量出現。

素養評量比較接近「擴增實境／AR」，把評測內容置入真實情境中。過去和現在兩種評量思維的差別，一種像是透過螢幕進入寶可夢的世界，跟著螢幕裡的地圖與場景展開對戰，收服寶可夢；而另一種是在真實世界中遊走，藉由手機發現合於真實環境屬性的寶可夢，並施展能力收服它們一般。一個的設計思維是走入虛擬世界，另一個是走入真實生活。

這個不斷在改變的世界中，「更新」是面對未知應該具備的能力與態度，藉由更新才能讓我們從現在接軌未來。「以終為始」是新課綱在教育設計上的核心精神，這個「終」指的是學以致用，應用所學來面對快速變動的真實世界，所以需要「真實的情境，真實的問題」做為課程設計的內涵指標。「始」指的是教育的初始，若真實生活是檢視學習成效與實踐學習所得的場域，那素養評量必然將以真實的情境、真實的問題，去檢視學生的學習能否與真實世界接軌。

對了！你會好奇或想複習一下杜威提出的「思考」五大邏輯步驟嗎？其內容如下：

1 **發現困難情境**
2 **找出問題所在**
3 **提出解決問題的假設**
4 **推論各假設的結果，探明哪種假設可以解決問題**
5 **驗證假設**

事實上，在面對新冠狀病毒與全球疫情不斷的當下，無論全球醫學界開展對病毒與疫苗的研究，或是我對病毒與防疫所提列的問題，都源自杜威提出的思考邏輯。而這也是「探究式閱讀」的讀者在閱讀跨領域主題或不同形式文本時，內心要從疑問開始，逐步建構理解的閱讀與思考歷程。

我們是被訊息左右，或是有能力探究訊息背後的目的？

#你看見的不是世界，是訊息
#讓你我都崩潰的公投題目
#盡信懶人包，不如沒有懶人包
#我們與真實，是從「訊息」到「意義」的距離

梅雨季來臨，因為氣候極端化的影響，原本西南氣流帶來的綿綿細雨變成豪大雨，造成部分地區土石崩落和河水暴漲的土石流災情。有兩個人對此分別寫下這兩段文字。

1. 昨日無情的風雨帶著狂暴的溪水從山上奔流而下，靜靜佇立在溪畔的巨石，轉眼間被黃濁的滾滾激流撼動，將它從千百年守望的平和山林間推向翻騰洶湧的毀滅行列中。

2. 昨天累積七百五十公釐的雨量，山區河水流量在四個小時以內增加為平日平均流量的一百一十六倍，導致河水流速驟增，形成巨大的推力，夾帶大量土石沖刷而下，並將河邊估計重達三十噸的巨石帶離原來的位置，增加了土石流的破壞力量。

這兩段文字使用的詞彙不同，想傳達的內涵也不同，但是兩位作者看見的情境是同一個。第一段文字中，作者對大雨、暴漲的溪水、滾落的巨石破壞山林與環境等自然景象，賦予了主觀情感的描述，讓人讀來不免感嘆自然力量的無常；第二段文字則全然以客觀科學的量化數據，說明極端氣候改變下的異常天氣對環境造成的衝擊。

我們生活在訊息組成的世界

前面兩段文字的例子，揭示了兩件重要的事：

一、**你看見的不是世界，而是訊息**：我們對世界的認知，大多不是來自於親眼所見，而是仰賴我們所讀到的訊息。尤其在此數位時代的資訊世界，就連世界本身都是被資訊化後呈現在我們眼前。每天可以從不同管道讀到的大量資訊，小從商品廣告、藝人八卦，大至全球環境問題、國際政經局勢，幾乎都不是我們親眼所見。文本內容原本就是觀點與事實交錯並陳，但是我們在非親身實見的情況下，對閱讀的內容更需要有檢視驗證的能力。

二、**訊息呈現的是作者轉譯的世界**：所有文本背後都有一位作者，他或許親身見識、經歷到他所寫的內容，但是他僅能寫下他眼見或詮釋的見聞，而內容僅止於他自身的思維、觀點與感受。閱讀過程中，讀者受到作者使用的文字詞語影響，而產生情感上的相信或認同，是再自然不過了。這時候，作者的觀點或價值就被我們接受、內化，進而改變我們原有的認知。但是真正經過探究而形成的理解，並非直接移轉作者的情感與觀念，而是在接受之前先要進一步釐清作者的目的，並監控自身接受的狀態是建立在盲目的或清楚的理解上。

這兩件事反映出一個重要的觀念：**我們是否有能力主動探究理解文本作者想說什麼？還是我們往往在缺乏覺察的情況下，被我們所讀取的訊息影響了理解與判斷？**

全民閱讀素養的考驗

或許你和我有同樣的感受，二〇一九年在台灣，我們共同經歷了好幾場全民參與的閱讀素養考試，與九合一大選一起舉辦的公投就是其中之一。我拿公投第七案和第八案的題目為例：

・公民投票第七案：你是否同意以「平均每年至少降低一％」之方式逐年降低火力發電廠發電量？

・公民投票第八案：你是否同意確立「停止新建、擴建任何燃煤發電廠或發電機組（包括深澳電廠擴建）」之能源政策？

這次公投，根據我查詢中央選舉委員會公布的計票結果，兩案的票數分別是：第七案的同意票數為七百九十五萬五千七百五十三票，不同意票數為二百一十萬九千一百五十七票。而第八案的同意票數七百五十九萬九千二百六十七票，不同意票數二百三十四萬六千三百一十六票。第七和第八案的同意票數都超過七百五十萬票，且兩案同意與不同意票數相差都超過五百萬票，獲得相當高的民意支持。

我不知道投票者基於什麼理由而選擇了同意或反對，但是當時出現一個有趣的現象，因為有許多人在網路上貼文說看不懂公投案、不理解題目，於是網路上大量出現「認識公投題目」的白話版懶人包，後來有人乾脆分享如何選擇的懶人包。我找了個當時的懶人包內容來看，公投第七案的題目白話文版是：「**你是否反對使用火力發電？**」第八案的白話文版是：「**你是否反對擴建深澳電廠？**」相較於原本的提問，我相信這樣的轉譯在理解上容易許多，會對許多人有幫助。但是很遺憾的，如此轉譯的內容並不是正確理解的結果。以第七案為例，原本題目中的重點是以時間和減少比例的相對關係，表達能源轉換的過渡時程，詢問民眾是否同意這樣的計畫，並非如白話版轉譯的概念——是否反對火力發電。因為支持第七案的理由不必然是反對使用火力發電，有可能是因為相信永續的能源替代方案。同理，支持第八案的理由，也可以是因為相信永續的能源替代方案。因此，白話版的內容可能過度簡化題目，而且無意間讓主觀意念涉入其中，提供了具有誘導性的概念化認知。至於是否有其刻意而為的目的，就不得而知了。

訊息背後的真實意義

如前面所言，我難以得知投票者個別的選擇理由，不過我可以分享我自己看到題目後如何進行理解。

第一次看到第七案的題目，我並沒有從自己一貫支持環保的理念進行判斷選擇。我首先對我觀察到的一個訊息提出疑問：「為什麼是降一%？」如果火力發電廠造成的空汙那麼嚴重，為什麼不是降三%或五%，又為什麼不是一．三四%？這一%怎麼來的？有何根據？接下來我觀察到另一個語詞，有了第二個疑問：「為什麼用『平均』每年？」在數學上「平均」的意思是等量的分攤，用在這裡可以解釋為「一段時間不變，到了某個時間會多一點，回來分攤給前面以滿足平均的要求」。所以即使連續九年一%都不降，到了第十年再一次降十%，同樣能滿足「平均每年降一%」的規定。若這可以成立，也就可以十九年不降，到第二十年多降一點回來達到平均的要求。提問中加了「平均」這兩個字，最大的影響是失去逐年降低的強制性，讓投下「同意」票的結果失去意義。

若把第七案和第八案的內容放在一起看，前者要逐年降低火力發電，後者要限制建設火力發電廠，其上層概念都是要限制會造成空汙、有害環境的能源生產方式。要以現有條件達成逐年降低火力發電，又可以補上能源缺口，就需要其他的能源生產方式，而台灣目前相對於火力發電較無害的能源生產方式有兩種。第一種是核能，但核一已除役、核二、核三使用年限期滿也不會延役，核四停建。第二種就是符合環保與永續條件的綠能，但是台灣目前對綠能相關的投資金額、發電機組數量、環保法規與民眾意識都尚未完備，短期內也難以滿足逐年必須補上的電力缺口。由此可見，公投的結果不但難以實現，也迴避了事關國家未來發展而應該務實討論的問題——我們未來的能源政策是什麼？這是目前不分黨派，所有執政者皆未與民眾務實溝通的政策之一。因為其中必然涉及電費的調整，然而在不想得罪選民的思維下，執政者大多只消極溝通發展方向，沒有積極而確實地對能源政策進行公共討論。

我們就以這個真實情境為基礎，若未來的發展是以綠能與永續為目標，則公投的提問設計調整為如下的架構，較為合適：

二〇四五年台灣將以綠能做為永續發展的能源，為了達到此一目標，需要編列多少預算？按不同綠能類別的發電占比設置多少機組？達到多少供電量？分幾期建設？為確保經費充足並反映合理電價成本，民生與工業用電的電價要如何調整，以確保綠能成為未來永續發展的基礎，堪與先進國家並列？

這個新的提問架構中，具體列出願景、預算、機組、成果，並提出電價須合理調整的方案，讓投票民眾參與的是一個具體政策的落實、而非意向的表達。想要知道民眾意向，進行民意調查就好了，何必花大錢舉辦公民投票，對一個無法解決實際問題的提案表達想法？其結果只成為政黨間相互批判與攻防的材料罷了。

如前面資料所示，公投第七案和第八案各自有超過一千萬和九百九十萬人給出同意或不同意的選擇，但是有多少人在表達意見前，已經正確理解這些提案的內容呢？又有多少人的選擇判斷是根據媒體報導或網路世界分享的懶人包？**其中真正需要關心的問題是：我們讀到的都是訊息，文本是作者轉譯的世界**。

每篇文本背後都有一位作者，藉由他創造的內容，傳遞他想讓你知道的事。除了你知道作者想說什麼之外，更重要是要去探究為什麼作者要訴說這些事——於是你才會發現，這些才是你原本不知道的。但是理解了文本背後的為什麼之後，或許又會顛覆原本以為自己已經擁有的理解……

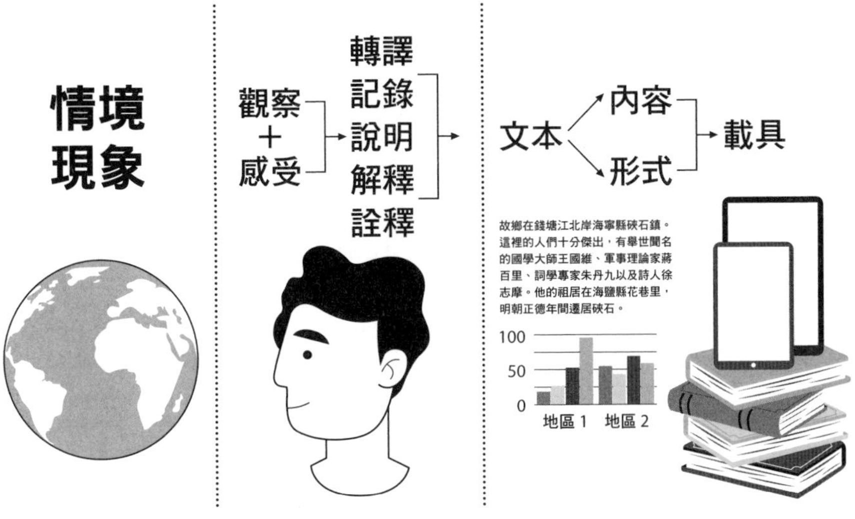

情境
現象
觀察
＋
感受
轉譯
記錄
說明
解釋
詮釋
文本
內容
形式
載具
故鄉在錢塘江北岸海寧縣硤石鎮。這裡的人們十分傑出，有舉世聞名的國學大師王國維、軍事理論家蔣百里、詞學專家朱丹九以及詩人徐志摩。他的祖居在海鹽縣花巷里，明朝正德年間遷居硤石。
100
50
0
地區 1
地區 2

輯二

歷程剖析

七道工法，帶你走入思考的縱深

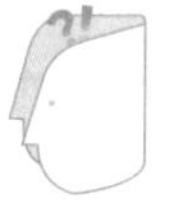

我看見，我閱讀，我觀察

#沒有文字也可以閱讀，大自然就是一本無字書

#司機大哥，我不是奧客，我只是看到路牌！

#從一〇一大樓照片裡，我讀到什麼？

#閱讀並不難，就是有意識地「觀察」

福爾摩斯在《波西米亞醜聞》（*The Scandal of Bohemia*）中告誡華生：

「你確實看了，但卻沒有觀察。二者的差別很大。」

文字符號出現之前的閱讀

談閱讀教育，我們認知上自然就會想到由文字、數字之類表意符號或圖表所建構的各式文本。這理所當然的結果，反而引發我一個好奇的疑問：**沒有文字前，閱讀行為是否存在**？如果不存在，那麼閱讀行為存在的歷史並不長，而且它對文字等符號的依存性很高。另一種情況，如果閱讀行為在文字出現之前就存在，那麼我們或許要進一步追問：**沒有現在我們所熟悉的文字和文本之前，人類在讀什麼**？

現在我們講的閱讀，有沒有可能是一種早就存在的原始能力？卻因為生活型態與文明的進展，為了對應生存與更複雜的應用所需，而逐步提升這項原始能力的表現及內涵，最後演變成我們現在所討論的閱讀。

小學三、四年級，每逢寒暑假，媽媽都會安排我去宜蘭外婆家住上一、兩週，在外公創設於民國七年的林屋鐘錶眼鏡行門前，以及後面三層三進偌大的透天樓房裡，每天都有我和幾個年齡相仿的表兄弟熱鬧玩耍的情景。外婆一下子招呼點心，不一會兒又端出水果，有時候還會趁媽媽沒看見，偷偷給我一枚五元的硬幣說：「阿嬤知道你喜歡吃蜜餞，等等吃完飯自己去隔壁高連登買。」我笑咪咪接過銅板放入口袋裡，吃飯時都感覺飯菜特別美味。

印象裡，外婆每天都很早起，當我睡醒走到老洋房一樓飯廳時，外婆和大舅媽早已經準備好一桌早餐，招呼我們幾個城市回來的小毛頭。吃完早餐，我們幾個小男生就開始動腦筋要去哪裡玩，而外婆眼睛一瞄就知道我們在想什麼。我看著她走到中庭的小走廊，先抬頭向天空東看看、西看看，然後深吸了一口氣。當她走回飯廳，我知道她要開始天氣預報了。

「國珍，你們幾個早上出去要穿外套喔，今天上午會起風，如果中午後去廟口要帶傘，下午會下雨，要記得啊，淋濕吹風回來很容易感冒喔！」當年電視頻道還只有老三台，但阿嬤的氣象報告比電視還準。

我當時覺得外婆簡直有超能力，有一次就好奇地問她：「阿嬤，為什麼你只要看一下天空，呼吸一下空氣，吹一下風，不用看電視就可以知道今天的天氣？」外婆說：「就看天上的雲啊！古早人傳下來的，他們從天上雲的形狀是一整塊還是毛毛的來判斷。另外從空氣感覺乾或濕的程度，也可以知道大概什麼時候會下雨啊。你看現在海口那個方向，天上的雲像阿嬤買給你吃的剉冰一樣疊高高，就是有颱風靠近了。」當時的確有個輕度颱風逐漸接近台灣。她這麼說明我才知道，原來外婆在那麼短的時間裡觀察了這麼多東西。

這段童年回憶跟我們要討論的問題有關。前面談到，當前閱讀素養教育是基於文字、數字、表格等訊息所建立的文本閱讀，那麼在人類發明文字、符號之前的遠古時代，「閱讀」存在嗎？我認為答案是肯定的，只是我們需要另一個詞來說明那個原始的行為——我稱它為「觀看」。「觀看」是眼睛器官的功能，讓我們獲悉外在世界的情境；「觀看」是原始生理性的，其結果就是「看見」或「沒看見」。

「觀看」和「閱讀」在外顯的行為上是一樣的，但內涵和能力條件不同。如果「觀看」是原始的生理行為，「**閱讀**」**則是**「**有意識，以心智調動先備知識與經驗參與的**『**觀看**』」。就像我外婆看著天空雲的形狀、高度、流動的速度、駐留的位置，進行多重的擷取、比對、整合等行為，同時頭腦裡也調動著先備知識與經驗來理解，並判斷如何因應——所以可說「**閱讀**」**是比較複雜的**「**觀看**」，**並且與個人的**「**知識**」、「**經驗**」**結合**。

基於這個想法，我原先提出「沒有文字前，閱讀行為是否存在？」的問題，似乎有了比較明確的答案——沒有文字之前，已經存在「透過有意識的觀看，形成對情境進行理解的行為」。不過這也衍生出下一個問題：「沒有文字等表意符號構成文本之前，那最原初的文本是什麼？」

外婆對於當日天氣的預測並非來自於文字，而是直接讀取天空的雲朵和大氣的流動，所以流雲天光成為一個帶有訊息且可以被理解的文本。從這個觀點來看，山川大地、花草林木亦是文本。三千年前的《詩經》和《楚辭》，記錄著古人閱讀這些自然景物產生的感受，甚至藉以形容內心對人對物的情感。在遙遠的年代，先民注意到四季流轉和天上星辰的更替，發現每隔一段時間，氣候就進入嚴寒或回復溫暖，位移的星斗又重新回歸到天上熟悉的位置，然後歸納出背後的秩序原則，建立了曆法，為流動的時光訂下刻度。同時他們還發現天上星象的改變，似乎對應牽動人世間的福禍，於是在種種現象之間梳理出關聯性，建立龐大而複雜的星象學，用以解釋命運與世界法則，形成早期的宇宙觀。當人類從狩獵型態的生活走向農業、工業文明，觀看的文本也由大自然擴增到人所建構的社會，並見證文明興衰或朝代更替，留下紀錄為史。由於人類生活漸趨複雜，人性多樣的內在面貌成為作家在創作上描摹的文本，化為文學與劇作……

從這些例子來看，我們可以歸納出一個結論：無論是文字符號出現之前或之後，在文明開啟或發展之間，世界所存在的情境和現象一直如文本般被閱讀著：**這世界本身就是一個巨大而複雜的文本，所有被創造出來的文本，都是作者轉譯他所閱讀的世界**。

從「觀看」進階到「閱讀」

談到這裡，應該可以了解現在我們所重視的「閱讀」，是原始「觀看」行為的進階，也可以明白「閱讀」相較於「觀看」，是更為有意識的高階心智能力。不過**「閱讀」固然含有先備知識與經驗的心智活動來幫我們理解當下的情境，但這樣理解的結果，也不免受到先備知識和經驗限制**，反而可能在我們完整地認知事物、建構意義上形成不自覺的侷限，可能成為帶有強烈主觀的偏見。關於這點，我想舉一個我親身經歷的例子。

有一次我搭計程車去學校演講，距離開講時間還有一小時，車程最多四十分鐘，時間上還不算非常緊迫。當天原定路線有點塞，司機先生建議改路線，我也同意；沒想到新路線也塞，而且司機原本認為可以左轉的路口已禁止左轉。這下傷腦筋了，時間一分一秒過去，我可以從司機踩油門和煞車的力道感受到他的心情。好不容易離開車陣，也走上新路線，學校愈來愈接近，不過這所學校我沒去過，也擔心司機對新路線不熟悉，所以特別留意沿路的路牌。此時我忽然看到學校地址所在的路牌在眼前閃過，但司機似乎沒發現。

我好意提醒：「抱歉，司機先生，你剛剛好像錯過了要去的路。」司機情緒忽然激動起來：「沒有，要到前面轉才是！」接著開始一連串失控般的高聲數落：「你們這些乘客付錢坐車就了不起嗎？以為我們都故意繞路嗎？開車賺的都是辛苦錢，司機也是有尊嚴需要被尊重的，你們這些奧客很爛，不是東西……」在他發洩情緒的同時，車子開上他堅持的方向，又轉錯一個彎，多折騰了一番才到學校所在的那條路。為了避免更難以收拾的情緒，耽誤迫在眉睫的演講，我沒多說話付錢下車。步入學校前，我看了右邊不遠的前方，就是我提醒可以左轉的那路口。

這位司機的情緒也不難理解，我想他從前應該有類似的經驗，並且和乘客發生非常不愉快的爭吵或被羞辱的情形。當我提醒並想確認我所看到路牌，這個行為勾起他先前不愉快的經驗，不加思索就把我認定跟之前的奧客是同一類人，所以把過往所有的委屈發洩出來。這個事件可以說明，「閱讀」固然是連結原有經驗和知識來幫助理解，但結果極可能僅是單向的，以至於誤解了閱讀的對象。

到這裡，我們好像陷入一種困惑：「觀看」是原始的生理機制，只負責輸入訊息；「閱讀」則是納入先備知識與經驗共同處理觀看到的訊息，但是會受限於自身的主觀。**有沒有一種機制，既統整了「觀看」和「閱讀」，並且修正了其中受限於有限已知的缺陷呢？我認為有的，就是接下來我要談的「觀察」**。

主動、客觀並帶有目的性的「觀察」

「閱讀」是具有主觀意識涉入參與的高階心智活動，為了避免落入受主觀判斷的盲點，我們可以改用「觀察」來提取不受主觀屏蔽的完整資訊，為深度理解與探究做準備。建立這個觀念之後，將對閱讀產生關鍵性的改變。我們用下面的例子來進一步說明。

這是一張一〇一大樓的照片，我們分別用前面講過的「觀看」、「閱讀」和

「觀察」的內涵來看這張照片，會得出什麼。

「觀看的結果」：生理性的看。

- 看見這是一張照片
- 看見這照片中有一棟大樓
- 沒意識到在看照片而直接說有一棟大樓

「閱讀的結果」：有意識地多重擷取並調動先備知識與經驗，進行認知建構。

我知道，這是台北一〇一大樓，有一百零一層樓、五百零八公尺高，曾經是世界第一高樓，是建築師李祖源的代表作之一，也是台北重要地標和國際遊客必訪的觀光景點。站在下面抬頭看，或許還不能感受到它的高度，唯有到樓上觀景台看出去或往下望，才可以感覺那驚人的高度。

台北一〇一大樓

「觀察的結果」：以有意識的客觀中立態度，進行有目的性的觀看，提取完整資訊，建立探究事理的提問。

- 這棟建築好高啊，有多高？
- 這棟建築的造型很獨特，是誰設計的？
- 這棟建築這麼高，排世界第幾高樓？
- 這棟建築物好像每到一個高度就縮進去一次，為什麼？
- 這建築物可以分成兩大部分，上半部和下半部交接處有一個圓形造型，在視覺上將兩部分連接起來。上半部由下往上共有八節，為什麼是八節？
- 這大樓上下兩部分之間與上面八節的銜接處都有造型裝飾，看起來是古錢幣和如意，有什麼用意嗎？
- 上半部那八節的四個邊都有折角而不是直線，為什麼？

如果仔細觀察這張照片，相信會有更多的發現，但我們就此打住。接下來，請問以上面三種方式來「理解」一〇一大樓，哪一種會有更加深入而完整的理解？我認為就是「觀察」。如果我們順著上述觀察後所提出的問題，去尋找更多的資料來閱讀，會得出下面這段對一〇一大樓的理解：

台北一〇一大樓是台灣當代建築師李祖源的代表作之一，建築主體有一〇一層樓，五〇八公尺高。曾於二〇〇四年十二月三十一日至二〇一〇年一月四日間擁有世界第一高樓的紀錄，目前為世界第十二高樓（截至二〇一九年）以及地震帶最高摩天大廈。主體建築物的造型發想來自於竹子，取「節節高升」的吉祥寓意，上半段八節是取吉祥數字八有「發」之意。八節的造型其實是以前量米的「斗」，取其四面來財，日進斗金之意。同樣的道理，如意與古錢的造型在建築上，除了模擬竹節之外，也是取其吉祥如意發大財的意思。至於四邊的折線，是因為台灣有颱風，超高建築的體積會承受很大的風壓，因此工程師在四邊造型上設計折角，可以有效降低大樓承受的風壓。

前面的文字中對台北一〇一大樓的認知理解，並非來自於原先已知，而且理解面向可能也不是原本會想到的。我們每一個觀察所發現的細節，都成為理解台北一〇一大樓這個「文本」的路徑；匯集每條路徑收集到的內容，就會建構出超越我們先備知識與經驗所理解的一〇一大樓。

以學生能發現問題、解決問題為目標的教育改革中，「閱讀」做為最關鍵的素養，需要一種對觀看事物抱持更為積極、無懼於未知、不受限知道與否、渴望明瞭萬象背後事理的態度。從自身條件做為基礎的觀看出發，學習有意識地以探究為目的的觀察，成為一位如獵人般敏銳的觀察者；在觀察到的蛛絲馬跡中，確立接下來的行動，直到擁有成果。所以對於觀察，我們應當有以下認識：

1 **觀察是有意識、有目的性的觀看。**

2 **觀察是主動但客觀的，是有意圖但不輕下判斷的。**

3 **觀察需要全面有條理且有系統地進行。**

4 **敏銳性影響觀察的結果。**

5

觀察是探究的第一步，是理解的基礎。

在人類理解世界的過程中，無論是社會領域、自然領域、數學領域或人文藝術領域的研究，都是通過有意識、有目的、有系統的觀察，開展探究歷程，發現答案與尚未被回答的問題。這過程足以窺見「探究式閱讀」的存在。

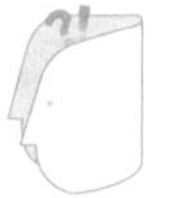

這世界不存在意義，是讀者賦予這世界意義

#恐怖片的「恐怖」從哪來？
#大海的聲音是在傾訴什麼嗎？
#跨出自己設限的定義才能看見真實

各位喜歡看恐怖片嗎？我有一些同學很喜歡看，但我自己是不會主動去看。最主要的理由是：我日子過得好好的，幹麼去嚇自己？一下子長髮女鬼從電視機中爬出來，或是鏡子怎麼了，窗戶怎麼了……最讓我不想看的原因是，導演故意用主觀鏡頭表現主角的視線，環顧破舊幽暗老屋中的地下室，或是驚恐緩慢巡視一個又一個房門轉角。從劇情與運鏡來看，你的直覺與經驗都在提醒自己，下一秒，就在下一秒，下一個轉角暗處，一定有導演設計好要嚇人的畫面會冒

出來……一種「恐懼」就在這未知的劇情和已知的經驗中升起。最讓你心臟無力的，是你原本預估會有爆點的地方沒發生恐怖情節，卻在你稍微放鬆心情的那一秒鐘，螢幕忽然出現一個你終生難忘的嚇人畫面。

我們對現象的感受從何而來

恐怖片的「恐怖」到底是從哪裡來的？我的經驗是，那種恐怖來自於「未知」。若從純粹觀影的體驗來看，一如我前面說明不喜歡恐怖電影的理由，導演經常使用「不知道下一秒會發生什麼事」的觀看心理，做為營造恐懼的視覺手段。從另一個面向看，恐懼可以說是事件或角色本身的經歷「超出或有違經驗與知識的情境」的結果，而且這個經歷存在於觀眾真實生活中的共同經驗。後者的恐怖感比較厲害，因為它會被你從電影中帶回自己真實的生活中，透過與電影共通的生活情境繼續嚇自己。

不過，有一回我兒子對於恐怖電影的反應，卻讓我有了新的發現。

一天晚上，太太下班後還有聚會，當天阿嬤煮完晚餐，等我下班回來把兒子交接給我，一起吃完晚餐就離開了，家裡就只剩下我跟當時快一歲的兒子。平常，我會在吃完晚餐後打開電視看新聞，或是隨意轉換不同頻道，看看有沒有值得一看的節目或電影，當天也不例外。我打開電視，轉到電影台的頻道區段，兒子自己坐在客廳地板屬於他的軟墊上玩積木。這時我的手機響了，我把電視切成靜音，接起電話，是編輯來電詢問一些印前作業細節。因為事關工作，我放下遙控器專心回話。眼角餘光瞄到電視螢幕上播著廣告的畫面，我起身去房間拿出相關資料，回到客廳的餐桌前，看著資料和編輯討論了起來。

這通電話講了莫約五分鐘，等我回過神來看兒子的時候，他正專心看著電視螢幕。我留意到電影台正在播一部恐怖片《鬼影實錄》。這部電影在戲院上映時，我光看預告片就覺得毛骨悚然，整部電影以大量擬真的監視器畫面，呈現故事主角一家人遇到怪事的情況。心裡才想著：傷腦筋了，怎麼讓兒子看了這麼恐怖的影片。當正我要轉台時，赫然發現兒子在看影片的表情一點都不害怕，這勾起我的好奇，多觀察了一下。兒子看看電視，若無其事地又回頭玩他的積木，雖然也偶爾再看一下電視，不過依然是對畫面上那「棉被忽然自己滑動」的影像毫無反應。隨後我拿起遙控器直接轉到常看的 Discovery 頻道，同時開始思索剛才那番有趣的觀察。

各位應該還記得，我接電話時先把電視切換為靜音，接下來播出的畫面少了電影中製造氣氛的音效，例如尖叫或哭聲，因此孩子沒有被聲音渲染起情緒。不過他確實看到幾幕讓人毛骨悚然、不合經驗法則的靈異特效，卻一點恐懼感都沒有。我想了半天，得到一個有趣的解釋——因為他不知道「他應該恐懼」。在兒子快一歲的心智中，沒有會激發恐懼的記憶或經驗能讓他回應看見的畫面，所以對他來說，恐怖片不存在我們大人認為恐怖的意義。這太有趣了！

另一個情況跟這件事很像。女兒在不到一歲時，在阿嬤家屋頂花園的牆壁上看到蟑螂，她不僅不害怕，還試著要去抓；現在女兒已經小學三年級，但她見識過媽媽遇到蟑螂和壁虎的驚嚇反應，也聽到媽媽說：「蟑螂很可怕，很噁心。」所以她現在看見蟑螂的反應跟許多人一樣，不只哇哇叫還躲得遠遠的。

現象與觀看者之間，存有發現與探究的關係

我們看見什麼，有什麼反應，到底是事物本身自帶意義，或是觀看者自身條件所賦予的？世間萬物一直以它原有的狀態存在，中立甚至恆常。晴天就是有太陽的日子，雨天就是雨水落下的日子，但是日常生活語詞中，晴天是好天氣，雨天是壞天氣，原本中立存在的現象，因為觀看者自身的知識與經驗，被賦予了某種意義，並將其納入觀看者的認知中。**當這個世界呈現的現象，其意義都是由「我」的內心產生的話，我們就只能退回自己的世界中，將世界解讀成自己身處的井**。在小說家吳明益的散文集《家離水邊那麼近》當中，有一篇作品我非常喜歡，名為〈海的聲音為什麼那麼大〉。關於現象與觀看者之間的問題，我覺得可以透過這篇文章，帶我們理解得更深一些。

文章敘述吳明益接待一位來自大陸內陸省份的作家李銳，他盡地主之誼，與另外幾位台灣作家一起帶李銳在花蓮幾個知名景點遊覽。先去太魯閣，用完餐後詢問李銳下午想去哪？他說方便的話想看看海，一行人便驅車前往七星潭。車

子停好之後，吳明益和李銳往海濱走去，文章中說：「李銳滿懷心事似的皺著他的濃眉，腳下的石礫灘發出喀啦喀啦的聲響。」兩人站在海浪打不到的邊緣，吳明益說：「這就是太平洋了。」這時候李銳問了一句：「海的聲音為什麼那麼大？」然後來自內陸，從未見過海的李銳面向大海，好像是對他自己的提問說出期待的答案：「原來海的聲音那麼大。」接下來，吳明益在文章中以三千零七十五字的篇幅，先探討海洋中各式各樣的聲響，以海洋中各類物種的存在，描繪出海洋孕育生命的多樣性，以及生命從大海走向陸地的演化史；最後談到自然萬物都有聲音，人類也能發出聲音，但是人的聲音除了呼吸、打鼾、呼喊、哭泣、喘息、尖叫，還會交談、溝通，或者唸詩。所有段落中充滿科普文章似的知性內容，但是閱讀過程卻感受到如詩般的意象和流動感。

〈海的聲音為什麼那麼大〉從敘述層面到內涵層次上都有許多值得探究之處，但是我在此只想探討作者在文中重複兩次的一句話：「而海對一切生命的生與死毫不關心。」一句話在一篇文章中出現兩次，可以推斷這句話在該篇文章應該是重要的。若同一句話出現在相同的地方，極可能是藉由重複出現來加強其語意或語境上想表達的重要性。若是像這篇文章同樣一句話寫了兩次，並且安排在不同的地方，就有必要從它出現的位置來理解作者想藉由這樣的安排說明什麼。

「而海對一切生命的生與死毫不關心」第一次出現是做為段落的第一句，引出後面數段描寫海岸各式環境和多樣生物間交織的聲響等文字。然後在「我們一起在這海的邊緣，接受太陽光、海風並且呼吸，一起使用不同演化途徑的感官感受海的一小部分，所有生命的經驗方可擬想出那個足堪膜拜、護衛，殉身的海。」這個意義段之後，緊接著「而海對一切生命的生與死毫不關心」第二次出現，而且是獨立做為完整的一段。這形式太特殊了，這一句話前後兩次出現的安排，似乎是作者先提出一個觀察的結果，隨後分享他的觀察，最後以一個極肯定的形式，提醒這結果：「而海對一切生命的生與死毫不關心。」

文章中的兩個人，李銳說：「海的聲音為什麼這麼大？」而吳明益說：

「而海對一切生命的生與死毫不關心。」這兩句話構成一種探究與發現的關係。但是大海在這兩個人面前什麼話也沒有說，只是亙古如常地發出拍打海岸的聲音。這聲音觸動兩位作家的心靈，甚至是每一位面對大海的人，包括你我。

在這篇文章中，是誰賦予萬物有情，看見生命億萬年間演化的奧妙，對大海發出的聲音提出嘆問？自然界沒有任何物種會提出如此具高度心智覺察的問題。人類這個物種的獨特性，如文章中吳明益所說：「我仍擁有地球上最獨特的一種聲音——語言，我不只會呼吸、打鼾、呼喊、哭泣、喘息、尖叫，還會交談、溝通，或者唸詩。」詩，是文字語言最高度的表現形式，也成為人類與所有生物真正差異的分野。

透過探究，賦予這世界更多元的意義

人類最獨特的行為就是以自身的條件理解並解釋外在現象，以精妙的形式賦予他所看見的世界意義。但我們所面對的這世界的一切就只是「存在」，沒有更多也沒有更少。當文本的形態延伸到生命與世界的存有，它依舊仰賴閱讀者自身建構意義的條件，將其內容轉化為讀者自己所相信的結論，這結果會因個別內在條件的差異，建構出相異的世界。而生命最深的困境是無法走出自己為自己設定的世界，放眼所見盡是我們內在的延伸，舉目所見都認為是理所當然的意圖，困住探究前進的步伐。

因此在閱讀上，如果我們對所有認知與信念，保持一個可以觀察與思考的距離，將所有事物、現象置入可以探究的歷程之中，令我們可以觀察、討論、理解它們，承認事物的真實存有不同面向，肯定各種存在的感受；箇中的態度不是排除，而是接受和審視，跨出心智的基模，回到真實世界，接受恐怖電影不是電影恐怖，而是心存恐懼；大海的聲音沒有要傾訴什麼，而是我們心中想藉大海的聲音表達什麼，才是真實開啟閱讀與理解之道。

你真的「知道」嗎？——覺察自己的認知

#你怎麼會連自己知道不知道都不知道？
#那一年，我的防空洞歷險記
#破除「已知」的框架，自我覺察超重要！
#中立觀察，大膽假設，小心驗證

「我知道（理解）」，是生活日常中出現頻率很高的用語。「我知道」意味著調動個人的知識與經驗，形成「知道」的結果，所以它本身就是個複雜的心智活動。我想進一步追問：當一個人說「我不知道」，你認為這算是「知道」還是「不知道」？或許你會疑惑，我是不是問錯問題了——他已經很誠實說「我不知道」了，怎麼能算是「知道」呢？從一般日常的詞語表達上來看的確是如此，甚至他本人也會這麼認為。不過，從嚴謹一點的認知與思維上來看，答案可能與多數人的看法不同。因為，這個答案的確告訴我們一些他知道的事，而他本人可能也不知道。

「知道」並非是一翻兩瞪眼的結果，在認知與思維上，「知道」是有層次區分的。下面有幾句話可以幫助我們建立基本認識：

- 我知道我知道
- 我知道我不知道
- 我不知道我知道
- 我不知道我不知道

這些文字是不是很像繞口令？而且在語意上好像俄羅斯娃娃一樣，一層套一層，打開一層還有一層。如果你有這樣的感受，確實是一個重要的發現，不過我們先把它放一邊，最後再來處理。我們先理解這幾句話想說什麼，我相信理解之後，將對你在閱讀教學上的思維與提問產生根本的改變。

關於「我知道／我不知道」的覺察

關於第一句「我知道我知道」，我舉個例子，請你判斷是否符合第一句的意思。

我手上拿一瓶礦泉水說：「這是一瓶礦泉水。」請問這是第一句的意思嗎？從例句來看，似乎是符合的，因為「我知道這是一瓶礦泉水」。好，若是這個狀況，第一句直接寫一次「我知道」就好，為什麼要寫兩次「我知道」？看來這句話要仔細觀察分析了。

這句話中「我知道」重複兩次，所以有兩個「我」。第一個問題是：這兩個「我」所指是誰？——這兩個「我」在語境和語意的條件下好像是「自己知道自己」的意思，所以都是拿礦泉水的那個人。第二個問題是：這兩個「我知道」的對應關係是什麼？從第一個問題的結果來看，我知道我自己，這關係好像有一個客觀的自己，知道主觀的自己的狀態，是一種客觀觀照下的自我覺察。

有了這兩層解釋為依據，現在我把原本的第一句「我知道我知道」加工一下，或許就可以理解它的意思。加工後第一句變成：「我知道『我知道』」，直白一點說就是：「我知道，我自己知道」。理解這句話是一個很重要的認知高度，能開啟高階的理解與思維層次。因為這高維心智意識在參與認知的過程裡，可以區分「知道」與「不知道」真正的層次與差異，讓「不知道」成為「可以被知道」，也為需要閱讀理解的內容構築一個象限圖譜，成為探究提問的設計依據。

接下來我依據對第一句的理解，幫其他句子加工並轉成大白話：

- 我知道「我知道」 → 我知道，我自己知道
- 我知道「我不知道」 → 我知道，我自己不知道

・我不知道「我知道」　↓　我不知道，我自己知道

・我不知道「我不知道」　↓　我不知道，我自己不知道

這樣整理之後，是否讓這幾句話包含的觀念清晰許多？如果是，我們就進入下一個層次的問題。

請你觀察前面加工轉譯的內容，透過分析與歸納，你對於「知道」與「不知道」有什麼發現？你有觀察到「知道」中包含知道與不知道，「不知道」中也包含知道與不知道嗎？

傷腦筋！到底是誰知道？誰不知道啊？這結怎麼解啊！別急，這正是表現閱讀素養的機會。我們來統整一下內容，試著解釋清楚。

這四句話中包含兩個層面，第一個層面是位居上位那個客觀的「我」，有「知道」和「不知道」兩個領域；第二個層面是這兩個領域中，有上位那客觀的「我」所知道，關於「知道」與「不知道」的狀態。接下來我用「認知象限」的圖解方式

來呈現。

有了下圖列出的心智思維的認知象限，就如同有工具來檢視閱讀理解在文本分析與教學提問中更為全面與高階的問題。

在我帶領上千場的工作坊中，每當一個文本經過完整分析，最常有老師提出的問題是：「為什麼有這麼多內容自己沒發現，尤其是往上層概念建構的過程，都達不到國珍老師所分析的那樣高層次？」我想藉下圖來說明。

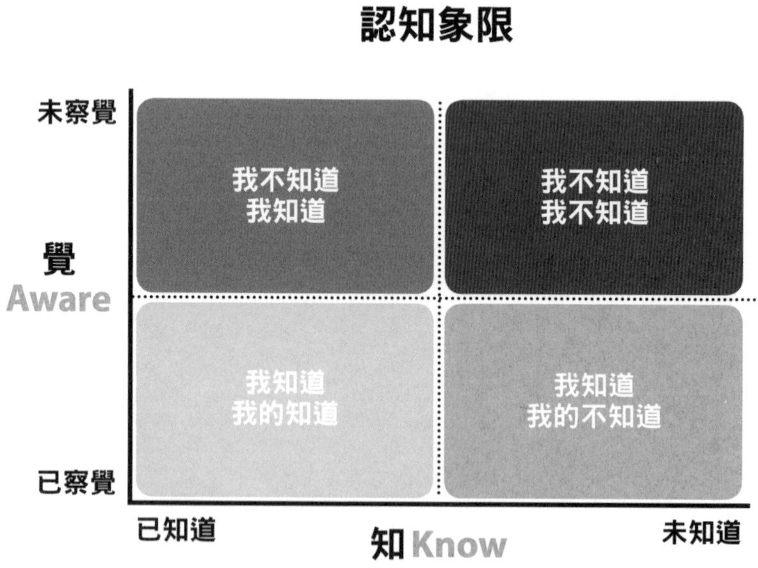

一個文本無論屬於哪種形式或主題，在客觀條件上都具備圖中的四個象限，因為這四個象限是讀者以自己的認知理解能力所建構出來，所以每篇文章的每個象限大小會因人而異。

釐清自己的認知象限並跳脫框架

我們之所以能理解一個從未讀過、未被解釋過的文本，大部分是因為我們具備文本內容所包含的知識與經驗，也就是先備知識與經驗足以支持理解的需要。但是，**先備條件只能幫助理解文本中「我知道我知道」的象限**。其他三個象限的內容沒能掌握的原因，除了缺乏相對應的知識或經驗外，當我們在認知思維的框架上，不知道也沒覺察它們的存在時，它們就等同於不存在。這情況就像早期人類站在海岸邊望向大海，因為不知道海的遙遠對岸還有陸地，就自以為到了世界邊緣而停止前進，未能有新的發現。

閱讀文本也是同樣的道理，站在被知識與經驗覆蓋的理解邊境，未覺察還有新世界等待發現，造成文本的理解受限於自身的知識與經驗，誤以為內容已經掌握了，殊不知還有更多內涵未曾探究。若這條件也成為教學者引導學生的提問內容，學生對文本的理解最多也就止於老師自身的理解——這個結果與過去講述法所創造的結果有何不同？學生依舊只是複製老師的答案，表面看起來像是活絡的素養課程，但內涵與精神卻已背離素養而不自覺，為「我不知道我不知道」提供一個活生生的例子。遺憾的是這種情況正普遍存在於當前的教學現場。

為了解決被自身知識與經驗框限在有限已知層面的問題，身為讀者與教學者需要先有心智認知象限的觀念，明白在認知層面上有「知道」與「不知道」兩大區塊，而閱讀理解的過程，是在知道的基礎上讓未知顯現、得以被看見，再透過統整與發展解釋的過程，將其轉化收納為已知的領域，以達到通透完整的理解。在探究式閱讀中，這超越自身框架而逐步將未知收納為已知範疇的過程，除了之前談過的第一步「觀察」外，還有「假設」與「驗證」兩個步驟，共同做為開拓未知的工具。而我小學有一個頑皮的經歷可以做為例子來分享。

我讀小學時住在台北近郊的北投，那個年代的北投，放眼看去很多地方都還是稻田。我的母校清江國小就是一面臨路，其他三面都被稻田包圍的景致，而且學校旁就有一條清澈的小溪，或許這就是我們學校校名的由來。離學校走路約五分鐘有一條路叫崇仰一路，沿路往丹鳳山上走，就會抵達當時美軍軍官的住宅區「威靈頓山莊」。就在這條路約一半的地方，會看到幾堵方形水泥牆，每一堵牆後有一個門，打開來就是很深像隧道般的防空洞。這種設施對當時我這樣五年級的小男生最有吸引力了，同學間一直有人傳隔壁班誰已經去看過，誰很勇敢走到裡面去。除了羨慕佩服之外，我和幾個同學莫不期待也可以去一探神祕。隔沒多久，我們有四個小男生約好週末吃完午飯去探險。當天到了集合地點，是其中一個防空洞的門口。會選這個防空洞是因為先前來的同學說它的門鎖壞了，用粗一點的鐵絲就可以撬開鎖頭。我們幾個小毛頭拿出從建築工地收集來不同粗細的鐵絲亂試一陣，果然打開了。打開門看見裡面的空間像隧道一樣，一股濕濕悶悶的味道飄來。當天過午的陽光剛過頭頂，門口矗立在馬路邊的水泥牆，遮住路上行車看見防空洞門口的視線，也遮住反射進來的陽光。僅有的些微光線只能照亮入口幾步的位置，其他地方一片漆黑，隱約中看見像報廢桌椅的雜物。當天相約的時間是午飯後的大白天，當然沒人想到要帶手電筒，現在門是打開了，卻看不清楚裡面，如果放棄回家，下週去學校就沒什麼好吹噓的啊！所以我們決定進防空洞一探究竟。

進入防空洞片刻，眼睛開始適應洞內昏暗的光線，逐漸可以辨識內部空間陳設，發現其實就是個很深的隧道，堆放著一些老舊的木製桌椅，膽子漸漸大起來的我們，繞過兩堆有碎玻璃瓶的雜物，往內部有桌椅的區域移動，就快走到的時候，身後大約十五公尺外洞口的那扇門忽然「砰！」一聲關起來，這下我們嚇呆了！不知道發生什麼事，又伸手不見五指，所有恐怖的想像一股腦全湧上來，卻又不敢亂跑。身邊的同學阿龍哭了起來，感覺他忽左忽右地移動，口中一直唸：「怎麼辦！怎麼辦啦！我們會不會死掉啊？」為了拉住他，我也被他前後左右拖行了幾步，這下我自己也搞不清楚大門的方向是不是在我身後。

似乎過了好長一段時間，我們沒有遇到想像中恐怖的事情，大家的心情也穩定了些，我們開始想如何離開。從最直覺的大聲呼救，到讓一個同學為圓心，我們四個小朋友手牽手為半徑走出一個圓來探索周圍物件判斷方向，但是都沒成功。就要無計可施時，我聽到之前沒注意到的聲音，我問阿龍：「你口袋是不是有彈珠？」阿龍說他出門前放了一把在口袋。我跟他要了幾顆彈珠，心想這次一定要成功啊。

我拿起彈珠，第一顆毫無目標就往前方的黑暗丟去，不到一秒鐘，聽到彈珠打到堅硬牆壁的聲音，表示這方向是隧道防空洞左右兩邊的牆，距離我們也不遠，所以門口不在這第一顆彈珠飛去的方向和它的對面。因此我轉了九十度，再丟出一顆彈珠，這次等了比較久才聽到彈珠落地滾動的聲音，這代表第二顆彈珠飛去的方向，不是隧道防空洞的底部，就是門所在的入口。有這個發現後，我們幾個小男生精神大為振奮，阿義說：「剛剛門關起來前，桌椅就在不遠的地方，如果我們可以知道桌椅在哪裡，那反方向就應該是出口了。」的確如此！因為怕用丟的會飛過頭，所以我第三顆彈珠就朝第二顆彈珠的方向用力滾去。結果直到彈珠滾動的聲音停止，都沒撞到東西。我擔心會因為丟歪而錯過桌椅，便朝右斜一點的角度滾出第四顆彈珠，一陣令人屏息的玻璃珠滾動的聲音後，忽然聽到一記撞擊到木頭的聲音；我再往同樣方向丟出第五顆彈珠，同樣聽到撞擊木頭的聲音，這時現場爆出一陣歡呼，因為可以確定門就在我們身後。這故事的結局，是我們四個小男生手牽手，一步一步小心翼翼地摸到入口的門，很幸運的是門的內部沒有門鎖的設計，一轉把手門就打開了，眼前一片刺眼的光……至於後來到學校，我們有吹噓這個嚇人的經驗嗎？當然沒有，因為太糗了啊！

回到主題，我這個童年探險的過程，恰恰可以說明如何讓未知成為已知，以及前面提到的認知象限。

我知道「我知道」：我知道我和同學被關在伸手不見五指的防空洞中。

我知道「我不知道」：我知道我不知道防空洞的門在哪個方向。

我不知道「我知道」：我不知道我知道找到出口的方法，直到我試著去解決問題，並且透過「假設」和「驗證」，我發現我知道確認方向的方法。

身陷於黑暗中的我，等於身處未知之中。在沒有線索之餘，只能「假設」一個方向就是我要前去的方向，但是不是真如我的假設，則需要「驗證」；於是我就透過丟彈珠、觀察環境的回應，獲得可以被已知知識與經驗判斷的訊息，讓原本無從判斷的未知，成為有條件進行分析推論的已知；我以這個形式重複驗證，逐漸收集更多當作判斷條件的發現，最後找到正確的方向。

我不知道「我不知道」：其實直到今天我還是不知道為什麼當時那道門會忽然關上，又為什麼我們這群小男生能如此幸運地安全脫身。或許真有某種我不知道的力量，給予我們一個教訓，又慈悲地照顧我們離開。

或許當年的經歷，就是為了今天分享的這篇文章？我真的不知道……

放下固有觀念，才能大膽假設

#花了兩千年，我們終於知道地球是圓的
#小心！別讓固有認知變成偏見
#韓愈〈師說〉話中有話，你讀出來了嗎？
#除了既有知識，更要自己假設並驗證

從科學探究的歷程來看，對於發生的現象進行觀察時，需要收集大量與複雜的訊息，如果沒有初步的假設，將會不知如何著手收集有關的資料。不過，初步的假設必定是基於過去的先備知識與經驗。

從「假設」開始的地圓說

現在沒有人會懷疑地球是圓的，但若把時間拉回到十五世紀，絕大部分的文明都還認為地球是平的，甚至是駝放在如烏龜或是牛等巨獸的背上，為世界的存在和地震建立出合理的說明。這結果不難理解，因為舉目所見，世界就是一片平坦大地，雖有丘陵山嶺或窪地深谷的起伏陷落，但相對於廣袤大地的尺度，也就如物品表面的皺摺或刻痕般，不會改變大地是平的本質。會有這樣的認知，是因為大地的實體存在，超過當時人類經驗的疆界，而面對這超過認知範疇的一切，我們再次看見，人類僅能以原先有的經驗來解釋，殊不知有更多的存在還藏在未知的領域，尚未被發現。

地球是圓的，此一概念早在西元前六世紀就由古希臘數學家畢達哥拉斯提出，他基於圓形是最完美的幾何體，甚至建立了太陽系最原初的模型假設，這觀念還影響到後世的哥白尼。但是從科學上對這假設給出有力證明的，是另一位博學的希臘人亞里士多德，他藉由自己的觀察和發現，對「球形大地說」提出三個依據：

1愈往北走，北極星愈高；愈往南走，北極星愈低，並且可以看到在北方看不到的新星星。

2遠航的船隻，先露出桅杆頂，慢慢露出船身，最後才看得到整艘船。

3在月食的時候，地球投射到月球上的形狀為圓形。

如此超越性的發現，在當時還是難以讓大多數人跳脫固有視角，去認知眼前的世界。直到哥倫布與麥哲倫兩位航海家的冒險航行，以實際的結果證實了前人的假設。

哥倫布相信地圓說，認為只要往西向大西洋行去，就可以抵達馬可波羅所寫的東方國度，獲得大量的香料，建立新的貿易航道。哥倫布在一四九二到一五〇二年間四次橫渡大西洋，雖然最後並沒抵達預期的東方，而到了美洲加勒比海沿岸的島嶼，但是至少證明了海洋盡頭不是陷落的瀑布，而是新世界。至於麥哲倫的船隊，在一五一九年九月二十日從西班牙聖盧卡爾港出發，歷時三年於一五二二年九月六日回到出發地，原本五艘帆船僅剩一艘，返航人員也僅餘十八人，其他船員包括麥哲倫本人都因不同事故喪生；這趟不平順的航行，才完成人類第一次繞全球一周的航行，同時證明地球是圓的。從畢達哥拉斯的假設到麥哲倫證明地球是圓的，足足經歷了兩千年。

歷史用兩千年證明一個假設，而我們從這段歷史中可以提取關鍵的觀念與方法，應用於閱讀的探究歷程。

從前述的歷史實例可以明白，人們普遍具有習得性的偏見並堅信不疑，尤其是超越既有知識與經驗的範疇。而建立這種認知的過程，本質上其實是將認知的責任轉嫁他人，並非獨立自主地探究與理解事物；雖然省事有效率，卻受制約而不察。因此，**根據客觀觀察以提取訊息並建立假設，才有機會在驗證假設的過程中，隨著事實性訊息逐漸增加並修正原有的觀點，建構新的學習和認知，開展原先未知的領域**。

透過假設，重新理解〈師說〉

雖然「假設」通常基於舊有的經驗，並具有高度的推測性，但「假設」最重要的目的除了開展未知的探索，更根本的價值是避免以為自己所知一定正確。這在閱讀理解上是最基本的觀念，但「假設」該如何與閱讀結合呢？簡單來說**就是把文本視為「現象」，把他人或自己的理解做為「假設」**。接下來我舉一篇大家都熟悉的文本來說明。

韓愈的經典文章〈師說〉，長年收錄在高中國文課本，我們都讀過，甚至在我學習的時候，老師還要求要默寫。當前教育對於理解內涵的重視已甚於默寫強記，但是對於這篇文章我們是否都有明確的理解呢？

我還記得我的老師在教這篇課文時，開宗明義就說：「要了解韓愈的〈師說〉，只要把標題倒過來看，讀成『說師』，就明白了。」我當時覺得好厲害啊，這樣一改好像真的懂了什麼。可是仔細想想，老師又好像什麼都沒說啊？接下來，老師說明的內容就如大家所熟悉的：**這篇文章從求學問道的必要性到擇師的原則，通篇強調學習與老師的重要性，並且抨擊士大夫恥於從師的錯誤觀念。同時，表明任何人都可以當自己的老師，不應因地位貴賤或年齡差別，就不肯虛心學習。文末並以孔子言行佐證，再次說明求師重道是自古已然，所以寫此篇提倡師道，呼籲大家應循古道，重振社會學習的風氣。**

老師說明的內容看來沒什麼問題，也成為我學生時期對〈師說〉甚至對韓愈這個人的理解。但是幾年後在大學讀中國藝術史，偶然重讀這篇文章，發現此文想要傳達的似乎不像當年國文老師所說「談老師與學習風氣」——這些只是韓愈在觀點辨證時所舉的例子，背後應該還另有想說的話與深層目的。後來我回想自己對這篇文章另有一番新的理解，是從一個假設開始。

師說

韓愈

古之學者必有師。師者，所以傳道、受業、解惑也。人非生而知之者，孰能無惑？惑而不從師，其為惑也終不解矣！

生乎吾前，其聞道也，固先乎吾，吾從而師之；生乎吾後，其聞道也，亦先乎吾，吾從而師之。吾師道也，夫庸知其年之先後生於吾乎？是故無貴、無賤、無長、無少，道之所存，師之所存也。

嗟乎，師道之不存也久矣，欲人之無惑也難矣。古之聖人，其出人也遠矣，猶且從師而問焉。今之眾人，其下聖人也亦遠矣，而恥學於師。是故聖益聖，愚益愚。聖人之所以為聖，愚人之所以為愚，其皆出於此乎？

愛其子，擇師而教之，於其身則恥師焉，惑矣！彼童子之師，授之書而習其句讀者也，非吾所謂傳其道、解其惑者也。句讀之不知，惑之不解，或師焉，或不焉，小學而大遺，吾未見其明也。

巫、醫、樂師、百工之人，不恥相師。士大夫之族，曰師曰弟子云者，則群聚而笑之。問之，則曰：「彼與彼年相若也，道相似也。」位卑則足羞，官盛則近諛。嗚乎！師道之不復可知矣。巫、醫、樂師百工之人，君子不齒，今其智乃反不能及，其可怪也歟！

聖人無常師。孔子師郯子、萇弘、師襄、老聃。郯子之徒，其賢不如孔子。孔子曰三人行必有我師，是故弟子不必不如師，師不必賢於弟子，聞道有先後，術業有專攻，如是而已。

李氏子蟠，年十七，好古文，六藝、經傳，皆通習之。不拘於時，請學於余，余嘉其能行古道，作師說以貽之。

如果韓愈寫〈師說〉要強調的是師道不存，時人忘記問師解惑的重要性，那麼文章前三段就已經把這些說完了，為什麼後面還要寫那麼多？而且特別安排好幾組對比，意有所指的罵人，難道背後另有目的？

我重新細讀了第四段之後的內容，發現每一段在論述上都有核心所指，並採用對比手法來建立評判的條件。

第四段說，愛孩子，所以找老師來教導，而自己卻恥於從師學習，令人困惑啊！這些老師只教標點斷句與誦讀，而非說明事理或回答學生提出來的問題。如此學小遺大，我看不出聰明在哪裡。這段內容中韓愈隱藏一個問題：為什麼士大夫為孩子找來的老師，只教字詞閱讀卻不教更重要的事理明辨？由此建立教學內容在文辭與事理之間重要性的偏頗和對比。

第五段說，巫醫、樂師、百工不以相互請教學習為恥；但士大夫們卻認為，大家都是士大夫，學識相近，稱「老師」、「學生」是可笑的，甚至認為向身分低下的人學習是為可恥，向身分較高的人請益必定要阿諛。這段中，韓愈很高明地以三種士大夫不問學的觀察，批判其三種心態。一是表面看起來好像是輕視相互之間的交流學習，其實是相互提防有把柄落入他人的理由。二是階級意識，恥於下問是因為士大夫的身分已經成為一種高於他人的階級心態，這讓原本想藉科舉制度打破的世家門閥政治，又以知識階級的條件悄悄形成。所以他感慨道：嗚呼，從師問學的風氣之所以無法恢復，可想而知啊！最後則以巫醫、樂師、百工願意問學，對比士大夫階級不學，並指出士大夫這樣反智的表現太過奇怪。

第六段，韓愈把先聖孔子請出來，說孔子曾向郯子、萇弘、師襄、老聃學習，而像郯子這些人的德性與學識並沒有孔子高，但孔子說：「在一群人中，一定有我能學習或教導我的人。」所以學生和老師之間，不該因能力與賢德之別來限制學習，要重視的應該是聞道的先後與術業是否有專攻。這段論述以士大夫所熟知的典範人物的言行，建立他評論的高度與正當性，也以先聖孔子對學習的開放態度來對比士大夫的封閉心態。

第七段很短，卻精彩地展現了韓愈論述邏輯之周延，以及利用言外之意為自己辯駁的巧思。韓愈在此說明他為什麼寫〈師說〉這篇文章，不過我讀到這裡關心的則是：韓愈為什麼要特別介紹李氏子蟠這位年僅十七歲的少年？韓愈可以不寫他，但是寫了，而且是放在結論這一段，因此我不從書名寫作緣起來理解這段，而假設這個安排是延續對士大夫的批判。如果這樣思考，韓愈又是如何以李氏子蟠作最後的結論？

韓愈說，李家的孩子子蟠雖然只有十七歲，卻喜好古文，詩、書、易、樂、春秋和解釋經文的書籍都通曉習知，但是他不受時俗所限，來請教於我，我嘉許他實踐古來問師求解之道，所以寫這篇文章送他，以表讚許。

讀到這裡，我不禁又要問了：如果這是一篇要送給李氏子蟠的文章，文章前面對士大夫的批評，是寫給這孩子看的嗎？當然有可能，因為從李氏子蟠所受教育看來，必然出身社經條件優渥的家庭。或許韓愈是期許他未來別像時下士大夫一樣，忘記了學習的重要。不過，更值得提出假設加以探究之處，就是這最後段落本身。如果這篇文章是要送給李氏子蟠，韓愈私下寫了送他即可，為什麼要昭告天下？由此可以推論出一個假設，〈師說〉是一篇公開的評論。那李氏子蟠出現在這篇公開評論中的真實目的是什麼？

根據文本，李氏子蟠具備相當的學識，可以說是當時年輕一代的知識分子。他與士大夫之間的差異，只在於是否考上科舉而擁有社會地位。當這兩者均為知識分子的身分確立之後，李氏子蟠和士大夫之間，就可以一起放在「知識分子」的條件上進行評鑑——這極可能是韓愈將李氏子蟠寫於最後的目的，讓讀者當作總結評論的依據。

以下是我統整前文各段的核心概念與不同比較的結果，說明韓愈藉由最後一段介紹李氏子蟠來總結全篇想傳達的核心觀點。李氏子蟠代表一種還沒考上科舉，卻能行古道，問師解惑的知識分子。而另一種知識分子，是通過科舉制度拔擢成為士大夫後，卻拋棄了學習問師的價值，忘卻同為知識分子的孔子所具備的德性，最終成為墮落失格的知識分子，甚至形成了階級觀念和官場相互提防、恥於交流學習的文化。士大夫把持科舉制度，重文采，輕經世治用之論，所以士大夫各家教師只教句讀誦讀，以利孩子考上科舉，承襲士大夫階級，繼續握權擁勢，相互爭鬥。

韓愈是帶著對當時社會現象的觀察才寫出〈師說〉，他對「不師」現象的發生，有其先備知識與經驗，因此讀者要先盡可能去同理他的觀點與思維，不然這篇文章會被拿來解釋自身的價值認同。教學者最直接而單向的想法，就是彰顯老師與學習的價值，而非理解韓愈當時想評議的問題：有一群位高權重的人忘記知識分子的風骨是要諫言時政、要為民興利，因此他藉由知識分子基本該有的求知與學習態度，在這個市井小民都明白的道理上逼問這群人：何以為師，如何成為社會的典範，匡正時政！

韓愈是這個墮落結構的受害者，〈師說〉是他為世道、為社稷，也為自己所經歷的貶抑而寫。其論述邏輯嚴謹，脈絡清晰，立場凜然；其文風剛強，內含正氣，實踐他「不平則鳴」和「文以載道」的文學理念與知識分子的風骨。難怪蘇軾在〈潮州韓文公廟碑〉中盛讚他「文起八代之衰」！做為散文體例的評論文章，韓愈這篇〈師說〉足以為跨越歷史的典範啊！

回頭看我對〈師說〉的閱讀探究歷程，基本建立在幾個假設上。

1如果這篇文章不是在闡述老師與學習的價值，是否是以老師與學習價值被忽視的現象，來探討弊病，進行批判？

2如果這是一篇批判的文章，他想批判的是事還是人？從文章內容來看，透過多次對比的安排，是針對特定的一群人和其心態。

3這篇文章可以沒有他針對的這群人嗎？如果沒有，那麼在韓愈的觀點下，此弊病叢生的現象似乎就失去背後形成的原因了，而這篇文章也就失去了存在的意義吧。

4李氏子蟠做為結尾，真的只是要嘉許他行古道，所以寫〈師說〉一文送他？延續前文批判的脈絡，是否韓愈是以他做為總結性的批判性比較？

這些假設不全是當年老師講授內容所涵蓋的思路，反而包含了他認為無須深究的問題。不過，我根據閱讀時觀察到文本中的現象大膽提出假設，從文中訊息和作者陳述的脈絡中去驗證自己的假設，暫時放下從「我知道什麼」來理解文本，而是從「我想知道什麼」的態度來探究作者想藉由文本說什麼。我並不預期結果和答案，因為只有嘗試去驗證每個假設之後，才能逐步看清文本。其結果或許和會跟我一樣，得到一個有別於原先被告知的答案。正因這些假設所形成的驗證過程，才引領我在閱讀這篇經典文本後，得出與我的老師或多數人不同的理解。

這樣的探究過程最有價值之處，是在檢視「自己已知」的同時，真正讓我朝向「我原先不知卻一直存在於文本中的內涵」前進。一如本篇剛開始回顧「地圓說」的假設，人類經過兩千年的時間跨度，麥哲倫的船隊以三年的時間和慘烈的代價，完成了人類第一繞行地球的航行，同時也別忘記，這兩千年在驗證此一假設的過程中，連帶影響人類在天文、航海、地理、物理、生物、貿易與文化上的大發展，建立了現代世界的基本雛型；而我們對韓愈的〈師說〉展開不同面向的探索，觸及唐代貞元年間（七八五～八〇五）的時代氣氛、士大夫階級的異化、科舉制度的失能、墮落失格的知識分子，以及嘉許後進、疾呼復興古道的韓愈。我們也僅用了一個關鍵的假設和這篇文章中的四千多字，一個嶄新的發現就在眼前。

人總是看見自己想看的，但是沒看見的不代表不存在。假設是讓我們能航向未知，看見彼岸的機會。如果最後結果與假設不同怎麼辦？很簡單，整理什麼是合理的，什麼是不合理的，再形成一個新的、更合理的假設，向它航去，驗證它！

我的詮釋，你能認同嗎？

#詮釋不是自己覺得好棒棒，還得求認同！
#第一次當樂評就上手
#理性與感性要相互扶持
#有憑有據才是「合理詮釋」

通常眾人要達成一致的共識並不容易，因為每個人自身條件的差異，對事情會有不同的理解與詮釋。如果碰上各自解讀的情況，該如何形成共識？這個問題放在閱讀教學的情境中，關鍵就在於建構出一個大家都認可的合理答案。

合理的答案來自詮釋的過程

所謂「合理的答案」，關鍵詞是「合理」，這就涉及「理解」與「解釋」文本的問題。探究式閱讀是開啟對於事物理解的歷程，若閱讀的內容或觀察的現象本身可以置入相對應的先備知識系統中進行探討，要建立合理而明確的結果較為容易。但是如本書前面篇章建立的觀念，人是在感官的基礎下主動或被動取得外在的訊息並賦予意義，這意義若只是自認為正確，恐怕就難以獲得認同。我認為合理的認同，要透過詮釋文本、賦予意義的歷程來建立；或許在每個人分享看法時，便會發現需要修正的不是看法本身，而是彼此導出意義的歷程。

接下來我們一起來聽一段音樂，試著記下你的感受，你會怎麼詮釋它？如果你身邊有手機，請掃描下方 QR Code；若使用電腦，請輸入以下連結：https://youtu.be/Q2ODx5KZ_gs

先別急著去搜尋或閱讀這段音樂的相關說明，因為探究的閱讀與理解過程，需要先透過觀察取得訊息，統整出假設的結果，如果我們先讀了相關的說明，很容易就會依附在他人的結論而取代原本自己對事物探究的機會，再次以別人的答案做為自己的答案，錯過發現與學習的機會。

所以，請靜心聆聽這首四分零五秒的樂曲。我們四分零五秒後見……

* * *

聽完這段音樂，你有什麼感受嗎？

我第一次聽完這首樂曲時，心中有種平和卻又澎湃的複雜感受，有很多話想說。不知道你是否和我一樣，在聆聽的過程中感受到音樂帶來的衝擊，同時也覺得作者似乎在這段音樂中想傳達一份理念。

無論你心中出現的感受、畫面或故事為何，都很正常。外在的訊息被我們接收後，就像在我們心湖中投入石塊，一定會產生漣漪，只不過有些訊息僅搖曳出粼粼的波光，有些則會激起驚濤駭浪。因此，無論你聽完音樂有什麼感受，都很重要，因為這些波動都是已經存在於我們個人內心的，如今被音樂牽引出來，並被我們用來解釋音樂。

但是音樂本身可能有更多的內涵，作曲者有更多話想跟你說，所以讓我們先收藏好剛才聽完音樂的感受，改用直觀之外的另一種方式，探究音樂中更多等待我們理解的內容，聽見更多作曲者想說的話。

之前介紹探究的歷程時，說明「觀察」和「提問」可以帶我們跨越自己已知的疆界，往未知的領域前進。現在我們以這個觀念為基礎，提出問題，幫助我們建立一個客觀合理的探究與理解歷程。

各位請別被「我又不是學音樂的，怎麼會分析音樂」這樣的念頭，限制了自己對這段音樂的探究與理解。好奇與渴望知道的心念是推動我們前行的驅力，所以我們會有探究的動力，期待把原本的不知道轉變為知道。

我聽完後在心中有自己對這段音樂初步的想法，但是我心中同時也因為好奇而形成問題。下面我就把這些想法轉換成為各位可以去探究思考的提問：

1 **聽完這首樂曲有什麼感受？**

2 **這首樂曲中有哪些聲音？這些聲音分別帶來什麼感受？**

3 **這些聲音出現順序不同，這樣的順序有目的嗎？**

4 **每個樂段之間有什麼關係？有什麼聯想？**

5 **作曲者為什麼要將這些聲音以這樣的形式編寫在一起，他想說什麼？**

各位應該會注意到這些提問很理性，似乎與音樂帶來的感性悸動無關。不過這些提問正是想探究作曲者是如何以音樂在我們心中喚起如此悸動。無論再個人化的感性，也需要理性的幫助，才更容易獲得理解（認同）與傳播，而透過理性探究歷程形成的「詮釋」，就扮演重要的角色。

Q1 聽完這首樂曲有什麼感受？

聽完這段音樂，如前面所說，我心中有著「平和」與「激動」兩者看似衝突的感受。為什麼會產生這樣的感受？這感受和曲中使用的樂器有關係嗎？

Q2 這首樂曲中有哪些聲音？這些聲音分別帶來什麼感受？

1 像似原民部落孩童的吟唱聲，純淨、規律、和諧。
2 一個低沉的重音，如大地般一直存在持續。
3 一個男人高音，原始粗獷地吟唱呼喚。
4 鋼琴和弦，持續，展現一種明亮的感受。
5 鼓聲敲擊，像心跳一般穩定持續。
6 薩克斯風，自由即興的流動線條。

Q3 這些聲音出現順序不同，這樣的順序有目的嗎？

這些聲音和各自帶出來的樂段，在全曲中有不同的出現順序以及重疊持續的情形，如果沒有必要，作曲者不會如此安排，所以這些關係的組合就像國語文的造句和寫作一樣，一定是想傳達更為核心而上層的想法。那是什麼？從接下來要探究的出場順序與關係，我們能夠更清晰地聽見作者想說的話嗎？

這首樂曲中每種聲音出現的順序如下：**孩子的合唱↓低沉的重音↓男人原始粗獷的高音↓鋼琴和弦聲↓鼓聲↓薩克斯風聲**

過程中，除了男人原始粗獷的高音唱完後不再出現，其他聲音出現雖然有先後順序，但是都持續到樂曲結束。男人原始粗獷聲音消失，似乎承先啟後將整段音樂在結構上分切為兩大部分。

Q4 每個樂段之間有什麼關係？有什麼聯想？

第一部分是孩子的合唱、低沉的重音和男人原始粗獷的高音。這些聲音的共通性是原始、人的聲音（聲樂）。第二部分是鋼琴和弦聲、鼓聲與薩克斯風聲音，共通性是樂器發出的聲音（器樂），帶有自由即興流動的現代感。

到目前為止，我們一方面提取個別的聲音，同時從順序脈絡和結構上，統整出音樂兩個對應的部分：「原始」與「現代」，這些是音樂元素或者是作者想表達的主題？

Q5 作曲者為什麼要將這些聲音以這樣的形式編寫在一起，他想說什麼？

在我聆聽的感受上，這首樂曲第一段的「原始」，以童聲合唱和反覆吟唱的形式，給我一種穩定和諧的流動感；而那高亢質樸的男聲，更像是一種召喚或祈禱。緊接在其後第二部分的「現代」，像是在回應召喚般，出現了鼓聲，還有爵士即興流動線條的薩克斯風，讓我感受到一種身心舒展的自由；於此同時，第一部分的原始聲音元素襯合著第二部分現代自由舒展的樂段，在和諧的狀態下，音樂結束了。

接下來，我把剛才以文字進行的探究歷程轉化成一張圖，讓音樂成為較容易掌握的圖像，藉此回顧剛剛的歷程。

根據前面提問與探究的歷程和這張圖，你認為作者想藉由這首曲子說什麼？

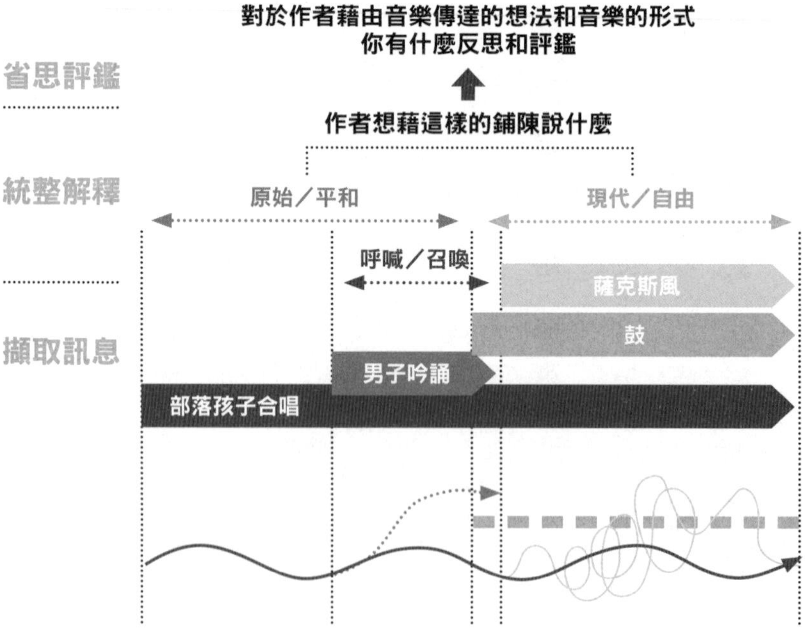

有一回我在工作坊也以此樂曲為實作範例，在經過探究與討論後，一位老師分享了她認為作者想說的事，內容大致如下：

樂曲前面部分，部落兒童的和聲純淨又和諧，那循環的起落像是自然四季的更迭運行和世代生命的傳承。那男性高亢的聲音，一樣是來自於自然，但是有種權威感，像是大自然化身成為一個人發出呼喚——是對著在現代世界裡如機械般生活的人所發出的呼喚。而原本麻木的生命因為這來自大自然的召喚，開始感受到自己的心跳，那個鼓聲就是人的心跳聲，隨後人開始伸展原本麻木的身體和心靈，自由活動。即興自由的薩克斯風，代表的就是自由的心靈。所以我聽完這段音樂的想法是，這一切原始和現代並不衝突，生命是一體的，只要我們不忘記對生命的愛，我們是大自然世界的一分子，我們就與世界原始的脈動和諧共處，如同樂曲最後是原始與現代的和諧共存，成就美麗的樂章。

各位對於這位老師的理解與詮釋有什麼想法？我很喜歡這樣的詮釋，它為我第一次聽到這音樂時，心中平和卻又澎湃的複雜感受，找到一個可以依歸的說明。

詮釋的內涵與價值

「詮釋」在閱讀的探究理解中是一個重要的環節，因為它總結了前面的過程，同時也展現身為一位閱讀者的自身條件。「詮釋」不是閱讀者任意地自說自話，而是對客觀存在的事物或現象深刻探究，將其結果放在合理的基礎上加以衡量，然後賦予的意義與說明。這過程有基礎原則可做為操作的參考。

1文本須按照它自身的發展邏輯跟意象的關聯性來理解，所以它的意義不能由外部的目的決定，簡單說就是不能射箭畫靶。

2文本整體與部分的意義必須是融貫的，因而能彼此相互詮釋。

3詮釋重建作者思想時，必須將它代入真實的生命狀態或情境中，盡可能以同理的態度與作者和作品建立共鳴，讓讀者現實的感受和從文本獲得的刺激沒有衝突。

這樣緊扣著文本，對被詮釋的主體提出有憑有據的解釋，能以合理性做為建立認同的條件，並且讓他人看見不易覺察的內涵，引導出更為深刻的思考延伸。

或許最終，我仍難以盡訴作者的心意，而你對這首樂曲也有不一樣的看法，但沒有關係。因為，真實深刻地去感受，梳理探究並思考這篇樂章的方式與過程，將有助於你日後面對未曾接觸的陌生內容。從可以掌握的具體條件和自身的感受，逐步釐清關係，最後賦予合理的意義和詮釋。如此落實在各領域的閱讀與分享的情境中，除了可以讓別人更理解你之外，還可能讓人們看見文本中未曾有人踏足的新境界。

最後，各位會想知道那位老師的詮釋與音樂想傳達的理念是否契合嗎？讓我先介紹這首曲子，並把答案留在最後那段文字裡吧！這首樂曲叫〈榮耀生命之歌〉，出自風潮音樂出版發行的《歌開始的地方》專輯。這張專輯是二〇一一年由查馬克老師帶領的泰武國小古謠傳唱隊與多位音樂家合作錄製，並於次年榮獲第二十三屆金曲獎傳統暨藝術音樂類「最佳傳統音樂詮釋獎」。在這張音樂專輯的介紹中，有一段這樣的文字：

我們呼喊 qemalac　敬邀排灣祖靈到來
我們吟唱的歌謠　如臍帶般連繫孩子與祖先
我們的脈動　與千百年來祖先的心跳　在同一個節奏上
我們以謙卑尊敬的態度　親吻這片美麗的土地
我們吟唱祖先的歌謠　我們吟唱對生命的敬意

我怎麼知道我的理解是對的？

#認知理解大忌：只要我喜歡，有什麼不可以！
#哥不是去看醫生，哥去看的是回憶
#一邊建構假設，一邊檢核驗證
#沒有驗證的推理，是誤入歧途！

任何人看事物都會有自己的認知理解，這是自然本能；若結果不影響他人，就算是不理性、帶有錯誤風險的判斷，他人也無置喙餘地。如果對自身以外的人或情境、環境有影響，這個認知理解的結果就需要放在比較客觀的標準和歷程來檢視。生活中有什麼情境會這樣嚴重呢？我們來談談醫生吧！

經驗判斷vs.客觀驗證

我很幸運，從小到大沒什麼重大傷病，去就診的經驗很少，也許因為這樣，我對看醫生的記憶特別鮮明，其中一次就診的經驗尤其讓我印象深刻。原因不是我病得特別嚴重，事實上，那只是一次尋常的感冒。

大學時，有一次我突然身體很不舒服，頭暈又冒冷汗，同學起鬨說要送我去急診，老師看他們一眼就知道他們只是想蹺課，所以問我可以自己回去休息嗎？當時我雖然不適，不過回住宿的地方還是可以的。在租屋處休息小睡後，我感覺身體並未好轉，還是需要找醫生檢查才是。不過很久沒因為這樣的症狀去診所就醫，一時竟想不到該去哪裡找醫生，該不會真的要去大醫院掛急診吧，但也太小題大作了。忽然，我想起小時候去過的趙小兒科，心想：「診所應該還在吧！至少我小學都在那裡看病，趙醫師和醫師娘人很好，不知道他現在還有執業嗎？」撐起有點暈眩的身體，招了輛計程車就往診所駛去。

診所還在原址，門面雖然比旁邊店家老舊了些，但是依然簡潔乾淨。跨入從前沒有的自動門，一陣酒精味襲來，小時候看病的記憶一點一滴湧現。當時大概是下午三點，休息時間剛過，診所內除了櫃檯的護士外沒有其他人。我掛完號等著叫名字，這時一位上了年紀的老太太和善地走過來看著我說：「你是清江國小的黃國珍嗎？」這時候我才意識到站在我面前的是醫生娘啊。我說：「是啊！醫生娘啊，好久不見了。」她確認是我後，竟像招呼客人般，牽著我的手，引我進診療室，對著一副宮崎駿卡通中戴黑鏡框老醫師形象的人說：「你看，我猜得沒錯，我看到病歷卡就猜是那個每次吃藥粉都會吐的國珍啦！」趙醫師扶著眼鏡，露出我熟悉的笑容，親切地說：「你長這麼大了！來！我看看。」原本是來看病的，此刻竟變成兩位老人家對我小時候看病糗事的大回顧。

終於，趙醫生問我：「今天怎麼會來？」我還沒開口，醫生娘先出聲了：「我剛才牽他進來，就感覺他體溫高，已經發燒了，應該是感冒。」醫生還沒看，醫生娘的診斷已經出爐了。趙醫生沒多說，示意請一旁原本安靜呆在櫃檯的護士幫我量體溫。「三七．八度。」接著，趙醫師請我坐到他面前的椅子上，重複我小時候就很熟悉的檢查流程：看喉嚨、聽呼吸、聽咳嗽聲……沒幾分鐘，大約十個檢查步驟做完，醫生作出診斷：「你是一般感冒，吃兩天藥就好。」

我心想，醫生娘很厲害啊，一旁看多了也可以看診了。整理上衣準備起身時，我忍不住問了醫生：「趙醫師，我進來時，醫生娘就猜我是感冒了，我想你一定也猜得到，為什麼我小時候檢查的流程要再做一次？而且幾乎每個大人小孩都做一樣的檢查？」趙醫師的回答很簡單：「我這些步驟，是在確認你得到的是哪一種感冒，同時，更重要的是確認我的判斷是不是對的。」

這個簡潔的回答給了我很大的啟發，它提供一個看待事物的重要區分。醫生娘是以經驗為基礎做出推斷，而趙醫生總結的結果是有「驗證步驟」的診斷。所以，這麼多年來趙醫師每天看病患，就算他豐富的經驗早就足以直接判斷病因，他仍不會省去任何檢驗的步驟，以確保合理而正確的診斷。

閱讀理解也是同樣的道理，尤其在面對一篇從沒讀過的文本時更顯得重要。許多次在工作坊都曾有老師問到：「我怎麼知道我的推論或上位概念的假設是正確的？」會有這樣的擔心是合理的，因為多數人的閱讀歷程中，缺乏自我檢核的認知，以及實現自我檢核、自我修正的方法。

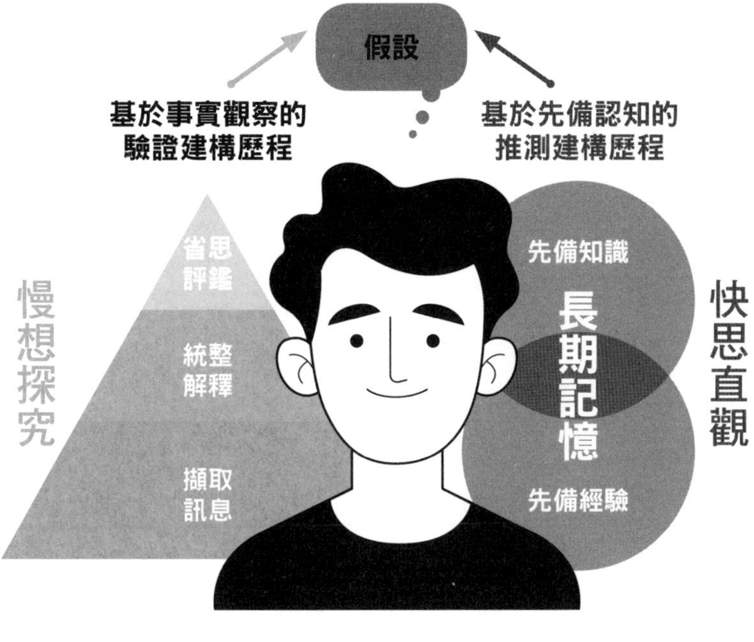

探究過程的合理性，比答案更重要

關於「如何知道自己是對的」，最根本的關鍵是避免僅以固有的知識、經驗或未覺察的偏見干擾認知建構的判斷。本書前面篇章介紹的中立的觀察、依客觀事實進行推論假設，就是這個思路。那麼，我們要如何驗證最後理解的結果是否正確？我認為並非從「答案是否正確」來看，而是根據「探究與建構答案的過程是否合理」來認定。

既然如此，這個「合理性」該如何建立？應具備什麼條件？不久前，有一位老師在臉書分享他朋友孩子學校的試題，引起了廣泛的討論，正好可以做為例子來說明。該則題目如下：

【文本】當我們小時，這雙手照料我們；悲傷時，這雙手給我們安慰；當我們面對困難時，這雙手會給我們力量。它是一雙溫暖的手，也是一雙萬能的手。

【提問】由上文可推論知道，這是一雙誰的手？

【答案】母親的手

這個題目的答案會引發討論，是因為依據試卷提供的文本內容，其實無法作答。

「母親的手」這個答案，是以出題者自身認知，或是對母親固有的理想形象為基礎所設計，但真實生活中每個作答學生的個人經驗都未必一致，當然也不見得與出題者相同。舉例來說，對一位由父親帶大或由祖母帶大，或得到老師特別關愛的孩子而言，這題的答案就變成「父親的手」、「祖母的手」或「老師的手」，或許還有更多真實的情況可以假設。

也有另一個可能情況是，這段文字是不是來自於某篇作品？因此答案必須為「母親的手」？那麼，我們更要注意不能切割掉這段文字在原文中，語意、語境和內容敘述前後合理的脈絡。當完整的脈絡被抽離，答案必定會落入個人經驗所形成的認知差異，造成分歧。設題者沒有意識到自身認知的盲點，也沒能檢視推論的合理性，就會得出不合理的答案而形成錯誤命題。

上述考題中所發生的問題還算單純明顯，因為僅是出題者與作答者認知經驗的差異。另一種情況就比較複雜些，但也更能夠讓我們明白：在理解事物的過程中，檢核的重要性和具體做法。我們來看下面這則媒體報導。

A國政府為打造「智慧國度」，將在國內各地安裝攝影機和感應器，收集國民日常生活各面向資料，一旦系統布建完成，依據規劃單位的設計，每個公共場所的乾淨程度、人群稠密度和每輛車的動向，政府都能一手掌握。「智慧國度」是二〇一四年底由A總理開始推動的政策。官員表示，這個政策的目的，是透過科技提高政府的服務品質，讓國民溝通更方便，並鼓勵民營企業創新。例如在政府管理的老人住宅中，民營企業可安裝感應器，偵測老人是否長時間沒有活動並通知家屬，避免危險與意外發生時，未能及時發現並提供協助。

此外，政府還能用這些資料預測某些事，如傳染病將如何蔓延，購物中心若發生爆炸，消費者將如何反應等。

但是根據A國法律，政府要用「智慧國度」的感應器所收集到的資料執法或管控人民，無須法院和當事人同意。此外，這系統一旦被駭，駭客將對人民日常生活瞭若指掌。負責執行「智慧國度」的A國官員表示：「政府正在研究這個問題，並極力確保人民隱私，但我們還沒找到答案。」

到目前為止，「智慧國度」計畫在A國似乎很受歡迎，因為人民普遍信任政府，並認為自由，如公開演說與新聞自由必須受限，政府才會更有效率。三十歲的凱薩琳說，「我相信這個系統」，以後尋找停車的地方應該會更方便。桃樂絲與七十九歲的母親同住，她參加政府試辦的活動，讓民營公司安裝居家感應器。當她出門獨留母親在家時，如果母親出現異常舉動，感應器就會發送簡訊給她，告知她母親可能身體有恙。她說：「現在我真的好放心。」

多次工作坊中，我都會故意在學員讀完這則報導後發問：「根據文章的內容，你認為作者的立場是支持或是反對這項計畫？」根據我的實際觀察，學員選擇結果幾乎是支持和反對各半。我將雙方最常提及的理由大致整理如下：

- **認為作者立場是支持這計畫的理由**：

1 這篇文本中，作者提出肯定智慧國度系統的訊息比較多。

2 智慧國度會帶來較多便利性。

3這篇文本的寫作架構是標準的正、反、正，結尾是以肯定計畫的民眾訪談做為總結，代表作者也肯定這計畫。

4作者雖然有提出駭客入侵的危險，但也只是做為一種平衡報導，不影響智慧國度帶來的好處，作者還是支持的。

・**認為作者立場是反對這計畫的理由：**

1作者在最後一段談到民眾支持智慧國度計畫時加了「似乎」兩個字，形成一種不確定感。

2作者提醒駭客會偷取個資，政府官員還表示目前尚未找到答案。

3建置這系統後，政府可能會用這系統進行非法監控。

上述內容是雙方根據文本，對於作者支持或反對該智慧國度計畫所提出的判斷依據。不知道跟你的判斷和理由是否相似。在這裡，我想請問：這些陳述的內容是否足以支持雙方對作者立場的推論？我認為並沒有，甚至不足以釐清作者寫作本文背後的目的。以下提供我的說明給各位參考。

名偵探福爾摩斯雖然是小說人物，但他在破案過程中所展現出來的洞見能力，卻源自於作者柯南・道爾在真實世界中，幾位他欣賞的人物在工作和生活上的真實領悟與本領。福爾摩斯在小說中曾這麼說：「大多數人，假如你對他們描述某事件的某一部分，他就會想告訴你結果是如何了。人們很容易把某些事件揉合在一起，從而推論出將會有哪些事要發生。但很少人能夠在你告訴他一個結果時，他卻能運用觀察與分析歸納或想像與思維，把導致此一結果的每一步驟清晰地浮現在腦海裡。」這情況很符合工作坊觀察到的現象。

前面條列出的是支持和反對立場的說明，但事實上並無法驗證作者的立場真是如此，只能說明讀者（工作坊學員）自己的立場。說得簡單一些，即雙方所列舉的訊息雖然都根據文本、都是作者所寫，但這些訊息都被讀者用來「證明自己是對的」，就像「先射箭、再畫靶」，而不管原先作者所要表達的意思。要掌握作者意圖，反而需要依據作者在文中陳述的兩個觀點，梳理作者以各訊息對應的關聯和敘事鋪陳的脈絡，來理解隱藏於作者敘述中的立場。

關於這篇報導，我認為作者在文章中並沒有特別表達支持與反對，反而是藉由好壞利弊的說明，和他實際知道的一些條件，提醒民眾在建設智慧國度時需要注意的問題。否則，智慧國度表面的便利性將掩蓋大眾權益受到侵犯的弊端。我對我自己觀點的檢核是這樣的：

- **文本內容說明許多智慧國度帶來的好處包括：**

1 提高政府服務品質。
2 讓國民溝通更方便。
3 民營企業創新。
4 家中長者的照護。
5 提高生活便利性與安全感。

- **文本接下來列舉出更高層次，涉及公共衛生與安全層面的幫助：**

1 傳染疾病的控制。

2購物中心發生爆炸的話，消費者將如何反應。

・**不過作者也提醒兩種涉及所有民眾個人權益的負面情況：**

1政府使用民眾個人資料無須法院和當事人同意。

2駭客駭入系統、盜取資料的問題，政府還在想辦法解決。

從作者在文中所建立的這兩條脈絡，我們看見這系統表面可見的好處，也看見背後隱藏待解決的問題——民眾的個資無法有效避免被非法使用和盜取；換言之，民眾個資的安全無法獲得保障。

打造智慧國度有這麼大的問題存在其中，A國民眾的反應如何？這正是這篇報導最考驗讀者的地方。在作者提出疑慮之後，文章最後一段以兩位民眾訪談的正面回饋做為結尾。若以正、反、正的寫作架構來看，似乎為「作者認同計畫」定了調。不過，別忽略了作者在最後一段開頭所寫，民眾有這樣的反應有兩個前提：

1 **民眾似乎信任政府**。

2 **自由，包括新聞自由與公開演說的自由應該受限**。

作者在最後一段如此鋪陳，似乎在說A國民眾對智慧國度的期待，反映出他們可接受缺乏言論自由、資訊不透明公開的生活，也欠缺探究問題的態度，只重視可見的便利性，而忽視隱藏的大問題。作者在一個小地方的設計，洩露了他的立場——第四段的最後一行引述了官員的話：「但我們還沒找到答案」；又在最後一段的最後一行，引述A國民眾桃樂絲的話「我現在真的好放心」做為結尾，若將兩段的結尾放在一起，讀來是否充滿諷刺與荒謬呢？最後，補充一個我觀察到的小發現：文中對智慧國度肯定的訊息，似乎都是別人說的；而對智慧國度質疑的內容，都是作者說的。

總結全文來看，作者列舉可見的好處、被忽視的問題和民眾的看法，並非要表達自己支持或反對的立場，而是藉由公開比對的內容，提醒保障個資安全的層面目前還無法可管，需要重視並解決，並且對民眾短視於便利，缺乏自我權益保護的認知給予提醒。

這是我對這篇報導的理解，和對自己認知是否正確所做的檢核。這歷程和前面其他讀者對作者立場的佐證，最大的不同在於——我不是從文本中提取個別的訊息來佐證自己的判斷，而是從作者使用訊息所建構的脈絡，分析相互的關聯性，歸納作者在段落結構中的幾個核心概念，統整出作者寫作文本的目的和想提醒的問題。如福爾摩斯所說：「運用觀察與分析歸納或想像與思維，把導致此一結果的每一步驟清晰地浮現在腦海裡。」

時時以客觀步驟進行檢核

我們在閱讀教學中，通常把「訊息擷取」到「省思評鑑」的層次視為建構的歷程。但是在這一段歷程進行時，若能融入探究式閱讀的「探究精神」，一邊建構也一邊進行檢核，就能避免困惑於自己解讀的結果。

由於這觀念很抽象，我用下面這張圖進一步說明。

圖中呈現的兩個不同歷程，其下方都是文本，因為文本是不同訊息的組合，所以我用幾何圖形的集合代表文本。左邊的歷程，代表讀者以先備知識與經驗做為理解的基礎，忽略了作者在文本中建構文本的脈絡架構，以主觀來認定幾何形的組合，最後拼出上方的圖像——這個結果充分表達了自己，但是未必是作者在文本中想傳達的意涵。反觀右邊，同一篇文本，依循作者文中

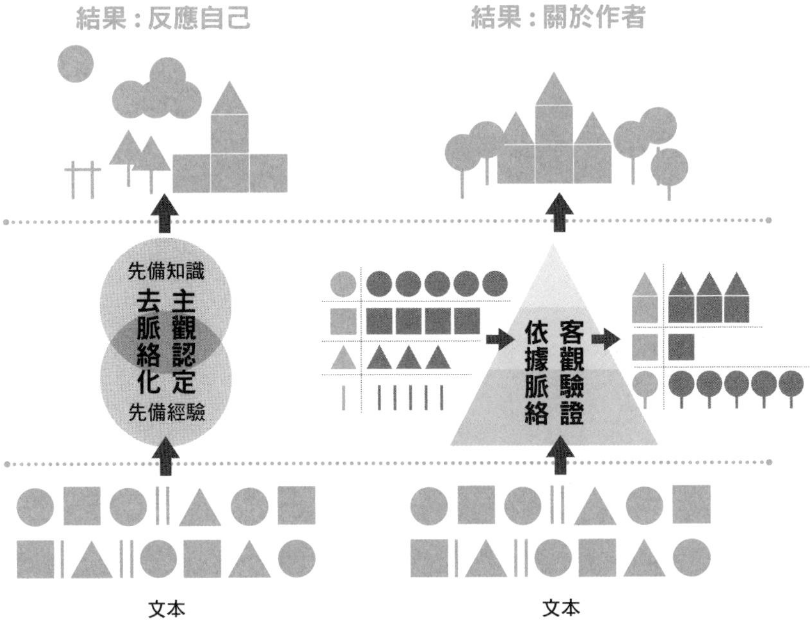

的脈絡架構做為組合幾何圖形的藍圖，先組裝為概念的元件，再統整整體書寫述說的結構，建構出作者想傳達的圖像。**這過程中，主觀的認知一直存在，但是有一個客觀的檢核條件持續進行比對與修正，就可以逐步開展較為全面而嚴謹合理的探究與理解歷程，最後的結果就是一個合理的答案。**

這原則不僅適用於情意訊息豐富的文學作品，也適用於自然或社會領域的閱讀內容。因為合理的閱讀理解歷程，就是合理的探究歷程。關於「我怎麼知道我的理解是對的」這個問題，福爾摩斯曾對華生說過一句話，或許是最好的提醒：「在沒有得到任何證據的情況下是不能進行推理的，那樣的話，只能是誤入歧途。」

提問，就是反思驗證

#我期待一位「有問題」的學生
#聯誼聊天話題全攻略，底加啦！
#好的問題讓你上天堂，不好的問題讓你更徬徨
#一層一層剝開問題核心，找到上位概念

在一〇一大樓的例子中，我們以客觀「觀察」的態度，打破依據先備經驗與知識做為建構理解的閱讀慣性，不讓理解的結果受限於「我知道我所知道」的限制，開啟探究未知領域的歷程。像這樣在閱讀中探究的理解過程，需要一項關鍵能力去打開事物的表象，使探究得以開展——這項關鍵能力就是「提問」。

以提問開啟探究閱讀的歷程

提問在生活中隨時隨地發生，想知道更多、想理解更深，都可以由提問來獲得解答。提問看似單純，自然就會，無須深究，卻決定我們對事物理解的結果。缺乏深度的提問，不僅讓理解陷於淺層表象的訊息中而無助於理解，嚴重時將會形成誤解，導致錯誤的判斷。舉個最簡單的例子，高中、大學階段那些青澀的聯誼活動，主辦單位總會安排互不相識的男、女同學成為活動的夥伴。兩個人要認識彼此，總要問一些基本的問題，例如：名字、學校科系、嗜好……等，開啟相互的了解。這些問題當然可以問，不過這些提問只能得到淺層而基本的內容，甚至你不必問本人，也很容易從其他同學間獲得同樣的訊息，說不定還更接近事實。因此，若想要有深度的理解，便需要有掌握核心概念的提問能力。

探究式閱讀的提問，是有明確目的與指向，以想了解的範疇做為提問的核心，從觀察到的訊息建立假設，形成問題。而問題內容的設計，是讓回答者在回答過程中，展現自己腦中進行的資訊連結和情境說明，得以了解回答者的思路甚至是內心深處不常表露的價值信仰。

為了說明並比較這樣提問帶來的差異，我先設定一位男同學參加跨校聯誼的夥伴是一位有俏麗短髮的女孩，臉上除了薄施粉底之外，幾乎沒有其他妝點；當天穿著一件淺粉紅的T恤，外搭一件寬鬆的白襯衫，下半身是卡其色七分束口褲，腳踏一雙粉酒紅色帆布鞋，右肩掛著一只造型簡單附長提帶的帆布托特包。既然是聯誼活動，大家就算是有點陌生，也都願意談話交流。這位男同學觀察了這位女同學後，連姓名都還沒問，就帶著微笑先提出一個問題：

男同學：你今天的服裝很適合今天的活動啊，平常就喜歡到郊外走走嗎？

女同學：是啊！

男同學：你這雙布鞋是 Converse 的經典款，我有一雙白色高筒的，不過你選的這個顏色很特別。

女同學：這麼巧，你也有這款鞋，這顏色我挑很久。之前在店裡試過不同顏色。紅色很豔，雖然很好看，但是可以穿的機會有限。我原本也想買白色，但是容易弄髒，白鞋子就是要白才有精神，需要常常整理就很費事。至於藍色系或綠色系我覺得比較適合男生。所以選來選去，我就在粉色系列中選了這雙款式經典，顏色不會太豔，又屬於女生色系的粉酒紅色。

男同學：我選這雙鞋第一個理由也是因為它是帆布鞋的經典，另外就是它很好搭配，只要是平時休閒活動，不管什麼服裝幾乎都可以配。我發現你的鞋子和包包都是帆布的，整體搭配的很好。你是特意搭配的，還是原本就喜歡帆布的質感？

女同學：啊！你不說我都沒注意到呢，早上我出門有點晚，所以隨手抓了一個輕便簡單的提袋，把東西丟進去就出門了。不過經你一提，我發現我的確喜歡帆布的質感，簡單自然，自由自在，沒什麼壓力。就算今天這樣隨興搭配也沒問題。這似乎和你喜歡帆布鞋的理由一樣。

男同學：原來你也喜歡自在的調子。可是今天是聯誼活動，常常有人覺得參加聯誼不自在，你不會嗎？

女同學：的確會有一點！今天是我第一次參加聯誼活動。這次活動因為是我們系上主辦，我兩位好朋友是系學會的承辦人，她們一直找人參加，好姐妹就要支持啊，所以我就參加了。到目前為止還好，沒有讓人尷尬的遊戲，而且今天主要活動是去採草莓，我最喜歡草莓了。我們同一組，等等要多加油喔。你之前採過草莓嗎？

男同學：沒有，因為我是南部人，採草莓的景點大部分在北部，所以沒太多機會。

女同學：沒關係，很簡單的，我可以教你。

男同學：好啊！你是第一次參加聯誼，我是第一次採草莓，看樣子今天會很有意思。對了！我剛剛聽到你同學叫你「容玄」。你好，我叫「敏鎬」……

這對年輕朋友的對話，我們就在這裡打住。接下來，我想請你比較一下，男同學透過這樣的提問對話，相較於問「你叫什麼名字、你喜歡什麼顏色」之類的問題，哪一種提問創造的探究過程，對女同學的認識較深刻？我認為會是以上這段對話範例中對女同學的理解較多。不過各位可能會說：「這些都是國珍你自己想出來的對話吧！設計對白當然可以如你安排。」沒錯，這兩人的對話大多是我根據一般情境設計的內容，不過在這裡，我想請你把焦點放在「提問內容」上。

回答本身所包括的具體訊息和層次內涵，都是依據提問內容而來；如果提問本身不具備這些條件，這位女同學也沒機會說出相關內容。從這樣的對應關係來看，**設計提問時，我們要清楚一件事：提問創造了答案**。現在我們把焦點放在提問本身，進一步分析這位男同學的提問。

提問帶有探究的目的，雖可以簡單而為，但是要達到有探究歷程並且通往更上位的層次理解，還是有點挑戰性。

提問的問題本身就是一個思考的結果；未經思考所形成的提問，只是想索求答案。**經過思考的提問，因為包含了原先思考的歷程，所以問題本身就具有開啟探究歷程的條件**。

示範對話中，男同學見到女同學時就對其外在條件有所觀察，如各位閱讀過程中，先讀到一段對女同學的描述。於是，男同學心中對女同學有一個認知上的假設：這位女同學可能喜歡戶外活動，所以問了第一個問題：平常就喜歡到郊外走走嗎？女同學回答：是啊！證實男同學的初步推論。接著他想多了解女同學內在個性和想法，所以問第二個問題：你是特意搭配的，還是原本就喜歡帆布的質感？女同學回答：經你一提，我發現我的確喜歡帆布的質感，簡單自然，自由自在，沒什麼壓力。這回答和她說明早上出門挑選包包的過程，加上之前在挑鞋子顏色上表現的主見，知道她喜歡自在、隨興的感覺。所以男同學回答：原來你也喜歡自在的調子。但是這裡男同學發現一個小矛盾點，一般來說聯誼活動都會設計一些增加互動的小遊戲，雖然過程有趣，但是往往也會讓參與者有些不自在，所以如果能知道這位喜歡自在的女同學來參加聯誼的原因，一定會對她有更多的理解，因此他問了第三個問題：可是今天是聯誼活動，常常有人覺得參加聯誼不自在，你不會嗎？這時候，女同學說出她參加的真正原因，並不是一般理所當然認識朋友的理由，而是支持好友所辦的活動，甚至草莓的吸引力可能還大於認識異性朋友啊。不過今天容玄遇上了敏鎬，一位是第一次參加聯誼，另一位是第一次採草莓，同時又都是喜歡帆布簡單自在的個性，或許原先兩個人沒預期的故事，會在今天寫下第一頁……

讀到這裡，各位是否發現，提問不該像是一張材料的檢核表：你叫什麼名字、今年幾歲、讀什麼系、你的嗜好是什麼……，這樣的提問會讓有趣的人也變得扁平，這樣扁平的結果並非因為對象扁平，而是提問者的扁平。對象能否表現豐富的內涵與深刻的背景，決定在提問者自身的條件——**提問的層次直接影響回答的層次，而答案就在問題裡**。人是如此，文本也是如此。

每個文本和隱身於背後的作者，就像例子中那位女學生。她想說的或她不想讓你知道的，其實都表現在你可以看見與觀察到的表層訊息上。文本上訊息的選擇與編寫的手法形式，就像女同學的穿著打扮，從材質搭配到風格表現，是作者本人有意識或無意識的呈現，背後都有其理由；這一切存在於觀察者直觀上看不到的維度中，需要由觀察文本訊息呈現的現象進行統整，並解釋其存在的原因與相互作用的結果。

透過提問建構文本的核心概念

下面這段內容是朋友分享在臉書上的一篇短文。在閱讀的探究過程中，如何提問來理解它呢？

結婚對於我們這一代人，乃至於我們下一代人而言，都將是困難的事。如果只是因為經濟因素那還單純些，但原因可複雜了。以前常說，談戀愛是兩個人的事，結婚是兩家人的事。這個說法可能逐漸不適用了，因為現代的家庭愈來愈式微，而人的心理也愈來愈破碎了。現在談戀愛還是兩個人的事，但結婚則是兩個靈魂自個兒的事，誰也插不了手，要插手大家都痛苦。可偏偏就在這個時候，人的靈魂是更躁動、更空虛的。這不是現代人意志薄弱，是整個包括物質和資訊的組合跟運作所形塑的結果，我們只能接受並且努力。顯然，一個缺少外部支持條件，兩個靈魂卻更分歧的現代婚姻，已經使一些人對它敬而遠之。

蕭伯納說：「讓想結婚的都去結婚吧，讓想單身的都去單身吧，反正最後他們都會後悔的。」這是很透澈的話。人與人的關係，人與自我的關係，還真是門永不畢業的課。

請問你讀完之後，想提出哪些問題來建構對文本的理解？不妨寫下你的提問，稍後可以比較我分享的歷程。

連續性的文本在呈現上是一個字詞連結一個字詞的文字串，但是在背後是一個一個概念的連結，表達作者的核心觀點。所以我們先談這段文字中的幾個核心概念。

1結婚這件事對我們這一代，甚至是下一代都是困難的。
2其真正原因比經濟因素更複雜。
3愛情和婚姻原本是兩個人、兩家人的事，這觀念在現代已經不適用。
4當代家庭式微與人的心理破碎，讓婚姻失去過往的鏈結基礎。
5戀愛還是兩個人的事，但結婚成為兩個靈魂的事，外人難以介入置喙。
6當代的環境包括物質和資訊的組合和運作，令人的靈魂更躁動與空虛。
7缺乏外部支持條件與靈魂更為分歧的現代婚姻，令一些人敬而遠之。
8蕭伯納所言是一個消極的體悟，因為無論結婚與不結婚的人都會後悔。

完成上面這些核心概念的整理，我們等於剝開文章第一層外衣，看見幾個構成文本亦即構成作者核心觀點的支持條件。就文本整體而言，這些條件也是段落中的核心概念。接下來我們依貼文內容，以上述八個較為簡約的核心概念為基礎，再一次從作者敘述的脈絡更具體地統整段落的核心上位內容，並確認連結段落的邏輯。如下：

1結婚在當代家庭逐漸失去影響，加上個人心理愈見破碎的情況下，除了當事人之外，第三者涉入其中參與決定，將可能導致各方都痛苦。

2時代環境的改變，讓過往構成結婚的客觀條件與主觀因素更為複雜，因此成為一部分人敬而遠之的事。

3蕭伯納的話提出一項更深刻的洞見，結婚或單身都是一種關係的模式，但是沒搞清楚自己，沒搞清楚自己與他人，兩種模式都會發展出令當事人後悔的結果。

4作者並沒有對結婚這件事失望或質疑，而是體認到認識自身與外在關係對結婚的重要，才會感嘆，人與人的關係，人與自我的關係，還真是門永不畢業的課。

有了以上第二次對核心概念的統整解釋，我更加清楚作者的想法和文本敘述的脈絡，也就建立對文本有層次、有脈絡理解歷程的提問基礎。根據文本，我設計具有探究歷程的提問如下：

1 **作者對結婚這件事失望了嗎？**
2 **為什麼作者要比較不同時代結婚條件的差異性？**
3 **作者認為現代人結婚的基礎是什麼？**
4 **作者在文章中引述蕭伯納的話的目的是什麼？**
5 **作者在文字裡透露了怎樣的心情？這種心情是對婚姻、對兩性關係，還是對自身對關係的認識？**
6 **你同意作者的觀點嗎？**

以上這些提問都基於對文章先進行具有層次概念的探究，建構段落中存在的核心概念，再統整推導出更上層的意涵，確認之間的關係，掌握作者思維所形成的敘述，再提出可以解釋這篇文本的提問，建立探究與理解的歷程。

探究閱讀歷程呼應PISA閱讀層次

敏銳的你或許已經發現，探究和理解的歷程建立在「表層可見」、「結構與關係建構」和「上位概念統整」三個主要提問核心的層次上。要達到這三個層次的理解，則閱讀上必須具備的能力，就是PISA閱讀素養中強調的，由三個步驟以建立一個完整的閱讀歷程，包含：(一)**擷取訊息**：根據觀察，在文本中廣泛取得真實可見的訊息；(二)**統整解釋**：找出訊息間的脈絡關係，建構關乎整體又個別獨立的上位概念，再將其放在整體作者論述書寫的大架構下，

閱讀的探究歷程與理解層次提問

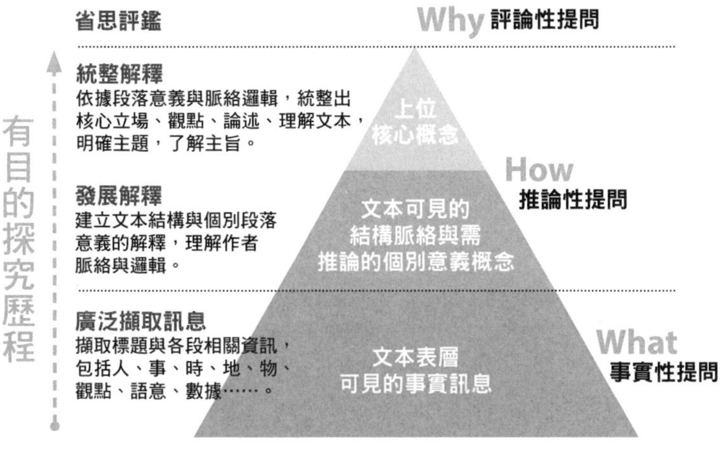

省思評鑑
Why 評論性提問
統整解釋
依據段落意義與脈絡邏輯，統整出核心立場、觀點、論述、理解文本，明確主題，了解主旨。
上位核心概念
How 推論性提問
發展解釋
建立文本結構與個別段落意義的解釋，理解作者脈絡與邏輯。
文本可見的結構脈絡與需推論的個別意義概念
有目的的探究歷程
廣泛擷取訊息
擷取標題與各段相關資訊，包括人、事、時、地、物、觀點、語意、數據……。
文本表層可見的事實訊息
What 事實性提問

統整並解釋其背後存在的目的與原因；

(三)**省思評鑑**：最後建構還原作者在文本中最想傳達的關鍵心念。

這是一個有意識、有目的的閱讀與探究歷程。而且這個歷程並不是只在通篇文本框架進行，而是要落實在局部意群或段落中，建構一個看來各自獨立卻互有關聯的網絡。如果把以上說明用圖像來呈現，通篇文本是由許多小三角形堆疊而成的大三角形；而夾在正三角形堆疊中的倒三角形，代表的是每一個探究理解的概念形成時，相對應的驗證與反思歷程。由於驗證與反思是同時存在

探究式閱讀的片段歷程與整體歷程的關係

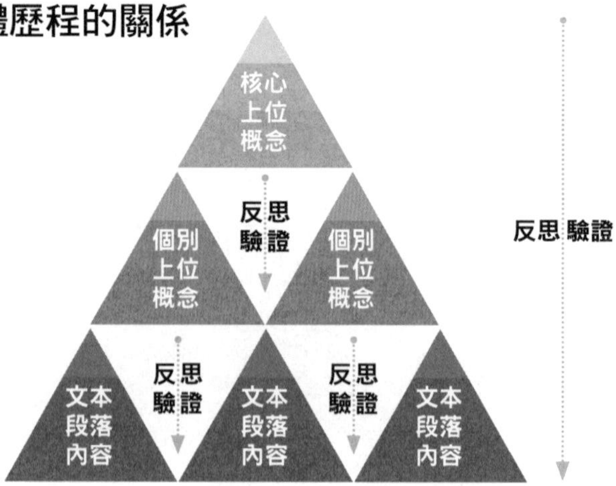

於每階段的閱讀歷程中，從文本裡所有看得見的訊息到隱身其中的意涵，都會經過反覆思辨，最終也都可以被包含其中做為整體理解文本的存在，而能大幅度減少最終得出不合理結果的機會。

欠缺探究精神、挖掘文本內涵的閱讀歷程，將流於步驟操作的形式學習，難以讓閱讀跨出自身已知領域「我知道」或「我自以為知道」的誤區制約，錯過和那存在於文本中，卻位於讀者有限心智領域之外的美好相遇。

輯三

探究實作

五類文本，領略層層思考的蹊徑

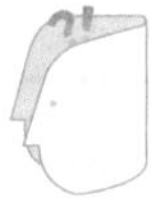

探究實作1　文學類文本：眾神

#成就眾生者，就如同神一般的存在
#你的感受很重要，說三次！感受、感受、感受
#確認過眼神以後，要確認寫作動機
#人生可以浮誇又時尚，下筆最好真摯又樸實

經過這本書前面從觀念到探究歷程的內容說明，我們來到探究實作的階段了。第一篇實作範例，我選擇一篇語文領域老師較熟悉的散文〈眾神〉為閱讀文本。

〈眾神〉這篇散文是已故作家、文學評論家、《文學季刊》總編輯、政大中文系名譽教授尉天驄的作品。請你閱讀全文，我隨後將與你一起探究這篇作品。

眾神

尉天驄

燈下翻看相簿中變黃了的故鄉的風景，竟然浮現了伯父的影子。伯父二十八歲就過世了，那時候我還不曾出生，但是他卻一直以老人的溫煦生活在我的記憶裡，因為差不多從我能夠在四鄉走動的年歲，伯父的名字就跟著我的腳步結合在一起了。

每當別人看到我這稀有的姓氏，就馬上會問起伯父的名字。然後，隨著我的回答，我便會從那些陌生人那裡得到一番親切的關心。

「×××是你什麼人？」

母親說，在我伯父念中學的那段日子，村子裡的生活過得特別艱苦。那時候，很少日子沒見過兵，也很少夜晚聽到狗叫不心慌的。老村長隔不了幾天就被吊在榆樹上，只因為他收不齊那些軍隊要的糧草。尤其到了青黃不接的日子，村子裡的人沒有足夠的東西吃，也找不到可以幹的活，有時把來春下田的種籽吃光了，每天就三三五五地張著無神的大眼，坐在牆腳邊曬太陽。我的伯父跟他的同學本來想到廣州去，因為路太遠了，一直沒去成。放假的時候，他們由城裡回到鄉下，面對那些村人，就慫恿大家聯合起來辦一座小工廠。雖然那座工廠簡陋到不能再簡陋了，但大家總有了一個可以出力的地方。有的織麻繩，有的榨花生，另一些腳力健的，就擔當往城裡運輸的工作。有了工作，稀粥有得喝了，窩窩頭有得吃了，漸漸地也不必每年愁下田的種籽了。

我出生的時候，伯父已經去世，那座工廠不久也毀於兵火，但是他和他的朋友的名字，卻一直在鄉間流傳著。

以往，我想不透幾個二十多歲的小夥子所做的一點小事有何紀念價值，因為那時我實在並不真的了解自己的故鄉，更不要說什麼青黃不接的日子了。現在想想，我的故鄉實在是一個很落後的地方。那裡所有的，除了照片上所看到的那一排灰暗的枯樹，在我的記憶裡似乎就只是成年的風沙和不斷的兵荒了。以往在學校寫作文的時候，一提起故鄉，總把它寫成世界上最溫暖的地方。但是，隨著年歲的長大，才漸漸體會到那些溫暖的事物後面，實際上都埋藏著無數的悽楚。

當我回想起一家人共用一盆水洗臉，到晚上再用這剩下的水洗腳的情況，故鄉的一切便給我一種與前不同的感覺。以往看《紅樓夢》，每次想到曹家督視鹽運時，便止不住浮現故鄉的景象。在那裡，一走進村莊，就可以看到一些陶土的水缸，缸上放著一個籮筐，筐底下鋪著一層厚厚的枯草，而一層層的黃土，便在草上堆成一個水窪。人們就把水注到窪裡；於是一滴一滴的黃泥水就透過籮筐滴到缸裡去。後來到城裡念書，每次唸到「更漏殘」一類的句子，我就會想起那些黃泥水滴到缸裡的聲音。這幅景象，住在大觀園裡的人可能是永遠也不會懂得的。因為在他們的日子裡，根本用不著從帶有澀味的黃土中去濾製苦澀的「小鹽」。小的時候，每次經過那些水缸，總會頑皮地把水窪的水注滿，有時候也會用舌頭去舔那種鹹味，但是從來沒有深思過那種日子到底是什麼樣子，就好像以那種叫做「榆錢」的榆花當飯的日子所留給我的印象，只不過是爬上大榆樹的興奮而已。我不懂得故鄉，所以就不懂得在那種沒有人關懷的年代，幾個少年憑著純真和不忍之心所做的一點小事，對那些掙扎在生活邊緣的人，有著多麼深厚的意義了。

從這些地方，我想起了中國鄉間所信奉的一些神。我有位朋友是研究社會學的。據他調查，僅僅在台北的萬華一帶，人們所信奉的神就有十幾種之多。這些神嚴格來說都不是屬於宗教的，他們只是某某年代的人，因為在某些地方做了某些事，那裡的人由於感激便一代一代紀念下去，久而久之，便成了那個地方的守護神。如果我們想到，連京戲《法門寺》中的劉瑾，人們都不曾忘記他做的唯一善事，也許就不會奇怪民間的神那麼多了。由此看來，那位香火最盛的媽祖，可能並不是一位呼風喚雨、屢現神蹟的傳奇人物，像電影電視所描寫的那樣；她應該是一位抱著純真和不忍之心，在挨餓的和患著烏腳病的漁民鹽民中奔波服務的少女吧！因為只有把人的意義擴大出來的，才是人們永遠紀念不已的神。這也許就是中國人土生土長的宗教觀念吧！

就憑著這種宗教意識，在那些貧瘠的鄉村裡，很多人雖然沒有念過多少書，卻在那塊土地上植下了他們的信仰，一代一代地在掙扎中生活下去，用血汗和眼淚培育出他們的果實。但也有很多人不是這樣，由於他們將生活游離於自己所生長的土地之上，所以便漸漸地失去了這種信仰。因此，他們便常常抱怨自己生不逢時，責怪這個世界沒有什麼可以讓自己去做的事，於是不自覺地便流露出「不才明主棄，多病故人疏」一類的感傷。在這種感傷中，他們雖然夢想著自己的生命會有開花的一天，卻不知如何播下自己的種籽；即使從很小的時候，便有計畫地留下自己的照片，保存用過的物品，以便長大成名後，好送到博物館去，結果也不一定能達到目標。想到這些，我好像漸漸懂得我的伯父和他那些好朋友的故事了。

閱讀完這篇文章，不知道各位有什麼感受？如果我們現在可以當面交談，我會很期待聆聽你的分享。但是很遺憾，受限於紙本書籍的形式，現在我只能藉由你閱讀的文字，邀請你參與我自己在閱讀中對這篇文章的探究歷程，分享我對於文章的理解。

我第一次讀完這篇文章，內心有很深的觸動與反思，或許你也有不少想弄清楚的問題。這些感受很重要，它是我們透過原有經驗、知識或是情感，對這篇文章產生的最原始的理解，彌足珍貴。但一篇文章不單只有「我們所看見的」這個面向，如果把「我們所看見的」放到先前的心智認知象限中來看，它只反映出「我知道我知道」的部分。如果要更深刻而完整的理解作品，包括作者寫作這篇的動機和目的，就需要以探究式閱讀的思維來進行閱讀。

我第一個想探究的問題，其實也是閱讀所有文本時都應該去探討的問題：**作者想藉由這篇文章說什麼？**

你認為作者想說什麼？不管你的想法是什麼，先記得就好，也可以寫下來，最後我們再來看看是否貼近作者的想法。

〈眾神〉一文有一八六〇個字，作者不會平白無由寫下這麼多字，文章中一定有作者認為重要的事或感受，作者一定出於某種動機而寫出這篇文章。要找出作者的寫作動機，需要中立而完整地觀察文章、提取內容並思考解釋，來回答下列的問題：

- **作者在文章中寫了哪些內容？**
- **這些內容之間有什麼關係？**
- **為什麼要安排這些關係？**
- **文章鋪陳的脈絡與段落結構有什麼概念和作用在其中？**
- **這些概念統整起來，可以看出作者想說什麼？**
- **我這樣的理解合理嗎？**

上面這些帶著探究性質的問題，引導讀者跨出自己喜歡或不喜歡、感動或不感動、重要或不重要、知道或不知道等等的限制，對文本進行客觀、有系統的觀察與閱讀。這些問題看似拆解文章，實際上是歸納、分析內容，探究背後的原則與原因，形成對文本的理解。現在我來回答自己設定的提問，看看我對文本有哪些理解。

Q1 作者在文章中寫了哪些內容？

1作者在文章中寫到他沒機會認識的伯父，故鄉的人知道作者少見的姓氏時，都會問他與伯父的關係，並且對他有一份親切的關照。

2作者並不了解自己家鄉當時生活的困苦，所以無法理解伯父和幾個少年憑著純真和不忍之心所做的一點小事，給苦於戰亂、生活青黃不接的故鄉人帶來生存的機會，是多大的恩澤。

3作者說明中國民間信仰中的神，原本多是平凡之人，因為對眾人有貢獻，大家感念其付出並世代傳頌事蹟，才被尊為照顧世人的眾神。而這個民間信仰眾神的成因，幫助作者了解他伯父是個怎樣的人，以及當時伯父對鄉民付出的可貴與價值所在。

4作者在文章末段除了說明自己開始了解伯父外，也指出有另外一群人游離在自己生活的土地上，並且抱怨生不逢時，責怪世界沒有什麼可以讓自己去做的事，所以有種「不才明主棄，多病故人疏」的心態。這一類人夢想著自己的生命會有開花的一天，卻不知如何播下自己的種籽；即使從很小的時候便有計畫留下自己的照片，保存用過的物品，以便長大成名後送到博物館去，結果也不一定能達到目標。

Q2 這些內容之間有什麼關係？

作者似乎在安排一種「比較」的關係，他先介紹未曾謀面的伯父，在故鄉困苦的生活中沒有感嘆時不我予，反而與幾位年輕人憑著單純的心，置個人利益於外，為鄉民創造生存的機會。對比出作者所處的年代，有一群人生活相對安穩，卻游離在生活的土地上，抱怨大環境，也不關心周圍的人事，只顧自己空泛的目標，夢想功成名就的未來，失去關懷生命的價值與信仰。而文章中間說明民間信仰當中的眾神，是來自於民眾感念曾經為眾生付出心力，成就利他的事蹟，這份感念一代一代傳遞，而成為如守護神一般的存在，被轉化為眾神。

Q3 為什麼要安排這些關係？

藉此來說明兩群人的差異，彰顯關懷生命的崇高意義，也對他所觀察到的那群人提出批判，對社會價值提出一種反思觀點。

Q4 文章鋪陳的脈絡與段落結構有什麼概念和作用在其中？

文章第一部分是以伯父為主的回憶，包含時代背景、生活情境、自己的天真、伯父的作為、鄉民的回應，做為第一群人與第二群人比較的條件基礎。

文章第二部分談民間眾神信仰的成因，乃無私利他而活出生命影響力的人受到尊敬，雖沒有進博物館，卻奉祀於廟宇並獲得民眾愛戴，為生命的意義建立價值的高度，做為對第二群人在精神層面上批判的條件。

文章第三部分談作者長大後在他鄉生活中看見的一種心態和作為。由於文章前面兩大部分的條件設定與說明，讀者心中已經形成比較的依據，所以讀者順著作者文字的思路，自然就有了省思與評鑑。

Q5 這些概念統整起來，可以看出作者想說什麼？

作者想表達在他寫作這篇文章當下所處的年代，社會大眾失去了關懷自身生長的土地與眾生苦難的信仰，以及個人生命的崇高價值，亦即遺忘了眾神是懷抱有利眾生之心的人。

Q6 我這樣的理解合理嗎？

1根據文本內容、關係、脈絡、敘述鋪陳與文意前後的比對，檢核逐步建構起來的閱讀歷程，我對這篇文章的理解有合理的基礎。

2此外，根據廣泛閱讀資料，身為作家與文學評論家的尉天驄教授早年投入台灣現代文學運動，一九六〇年代，在生活中與著作中反思當時台灣社會人性的失落與社會墮落的轉變；一九七〇年代起，提出以台灣為基點，擺脫政治束縛，建立人性的文學，並主張文學應面對生活，面對社會，反映社會各階層人民。他創辦的《文學季刊》雜誌，為作家開闢一方發表的園地，闡述自身文學與人文關懷的信念，提攜包括陳映真、王禎和、黃春明、七等生等重要作家。又點燃鄉土文學論戰，捍衛鄉土文學的價值與創作自由的堅持，一生體現文學的人文關懷。因此，我對這篇作品和作者想表達的內涵理解是合理的。

於此，我分享完我對這篇作品的探究閱讀與理解。當然，文章中還有許多內容可以在探究過程中進一步發現，形成對文章與作者更深刻的認識。但是從閱讀素養的教學上來看，這些內容並不是直接講解給學生聽，而是有了以上的理解之後，才有條件將探究內容設計成課堂中的提問，引導學生開啟自身對文本的探究閱讀。

各位是否還記得前面我問的第一個問題：**作者想藉由這篇文章說什麼**？各位的答案是什麼呢？我好想聽到各位分享。我們的答案無須相同，因為每個答案在「合理」的前提下，都能幫助我們發掘這篇文章更深刻的內涵。這也正是課堂討論的意義與價值。

先前我讀完這篇文章後曾寫過一篇短文，藉此機會分享給各位，做為本篇探究閱讀實作說明的結尾。

> 〈眾神〉是尉天驄教授以個人回憶為題材的散文，從一張老照片，開啟遙遠的記憶，以他的姓氏帶出村民口中讓人感懷的伯父。小孩子因為不了解故鄉真實的苦難，等到真正了解後才想通了伯父受人感念的原因；而一代一代傳遞延續的感謝，擴大了個人的生命影響力，成為地方守護神的緣起。故事的敘述真實而樸素，卻呈現了一種跨越時空的人生價值，這對我而言有深刻動人的力量。
>
> 尉教授認為寫作應該忌誇張、少形容，因此這篇散文平實地敘述身邊的故事，由人與人、人與物、人與事交織成的真實生活，讀來格外動人。

有一次我聽尉教授談起他家鄉因戰亂而窮，能吃的東西連樹皮、草根、樹葉、木頭都吃光了，餓啊！最後怎麼辦？有人就找了一種叫「觀音土」來吃。

「這怎麼可能！土可以吃？」我不敢相信。尉教授說可以，和著水煮後它像粥一樣，但是吃多了會死。我立刻就問：「為什麼會死還是要吃？」尉教授的回答我一直都記得，他說：「國珍啊！你們從來沒真正餓過。」他當時的字句直白如水，但是一陣顫慄恐懼卻迎面襲來，因為那是真實。

關於「眾神」，故事中寫道，因為感念其人對眾生的貢獻而尊奉其人為神，解釋了中國人的宗教觀，但這樣代代相傳的「感念」本質上是歌頌——尤其是歌頌在苦難的困境中，人性所顯現的良善與光明的力量。當承載著感念而被神格化的人成為信仰，間接說明一代一代人傳承的信仰，其實是人性的光明；神與人的差異不是出身，而是行為。或許博物館留存的是代表某一時代的重要資產，但廟堂祭祀的是由己及人、活出生命意義、成就眾生的崇高價值；那天上的眾神，其實是人性光明與良善的化身。

探究時間

閱讀完〈眾神〉後，邀請你動動腦，寫下你對於這篇文章的……

3個能表達你感受的形容詞：

2個以問號結尾的好奇疑問：

1個你不曾有過的新奇發現：

1個你認為重要的核心概念：

探究實作2　議題類文本：天生的判決

＃人類並沒有進化，仍然是「進擊的猩猩」?!
＃曼德拉的決定：拋棄悲痛和怨恨，慢走不送！
＃一杯愛爾蘭咖啡的象徵
＃我反思，故我在
＃不用找跨領域文本，因為我活在跨領域世界啊！

我們日常面對的「世界」，在實質上已經不再是大自然這概念下的世界。具體來說，我們現在面對的世界，比較接近我們所創造出來的「社會」。我們共同建構生活型態與社會的行為，展現人類有別於其他物種的創造力，同時也擴大了體內躁動複雜的動物本性。英國的比較動物學、生物人類學權威德斯蒙德・莫里斯（Desmond Morris），在一九六七年發表的經典著作《裸猿》（*The Naked Ape: A Zoologist's Study of the Human Animal*）中寫道：「無論我們從事的任務有多麼高尚，我們祖先的基本行為模式仍然會露出馬腳。」莫里斯在「裸猿三部曲」另一本書《人類動物園》（*The Human Zoo*）中，則提供另一個值得反思的觀點：人類並沒有進化，只是以更為複雜的形式，將我們原始的行為超級化。

以下是一篇屬於社會議題的文本，議題和內容應該不算陌生。請你先閱讀，但是請記得以本書前面介紹的觀念，帶著探究的態度來理解這篇文章。期待各位有新發現。

天生的判決

某日，我在風光明媚的午後出門逛街，經過人潮擁擠的市場街道，我被突如其來地暴打在地，歡呼聲與怒罵聲交雜，我的腦袋嗡嗡作響。在失去意識之前，隱約傳來的一句：「該死的黑鬼，剛才的錢一定是他偷的！」使我恍然落淚，原來這一切，只因我醒目的膚色。

南非種族隔離制度（南非語 Apartheid）是一種在法律上將白人、黑人、印度人和其他有色人種分隔至各地區的歧視制度。其制度主要防止有色人種獲得投票權或影響力，其餘日常生活的食衣住行，不論是教育、醫療或其他公共服務皆有差別待遇，舉凡教堂、公車、甚至公園裡的休息座椅都劃分清楚，同樣的服務，非白人族群只能獲得極為次等的服務品質或設備。

雖然「種族隔離」一詞在一九四八年以後才開始為人熟知，但它實際上從歐洲殖民者踏上這塊土地就開始了。從一六五二年荷蘭殖民南非，直到一九一〇年南非聯邦政府成立，被視為南非種族歧視和種族隔離的初期，從一九一〇至一九四八年是種族隔離的中期，一九四八年至一九八九年則是種族隔離由盛轉衰的晚期。

一九四八年，支持種族隔離制度的南非國民黨取得大選勝利後，曼德拉（Nelson Rolihlahla Mandela）開始投身解放黑人運動，與此同時，他選擇放棄繼承酋長地位，並在「非洲民族議會」（ANC）擔任要職。一九六一年，正值青年的曼德拉對當局日益壓迫黑人的行為感到憤怒，因此創建「非洲民族議會」軍事組織領導武裝抗爭，在眾目睽睽之下焚燒他的通行證（當局管理南非黑人人口移動的依據）表達個人的憤怒，在與當局爆發衝突後，南非政府將曼德拉逮捕入獄，並以煽動罪和非法越境罪判處五年監禁。一九六四年六月曼德拉又被控企圖以暴力推翻政府，改判無期徒刑，展開了長達二十七年半的監獄生涯。

隨著人權意識高漲，在南非實行種族隔離制度的晚期，因受到國際社會的齊聲撻伐與經濟制裁，導致南非政府被迫於一九九〇年解除戒嚴，同年南非總統德克勒克（Frederik Willem de Klerk）宣布無條件釋放曼德拉。一九九四年時，南非舉行首次不分種族大選，非洲民族議會以逾六成選票獲勝，曼德拉被選為首位黑人總統，上任時便廢除種族隔離制度並致力於實現社會正義。

回顧那段監獄歲月，曼德拉曾說：「年輕時脾氣暴躁，牢獄生活給了我時間與激勵，使我學會了如何處理自己遭遇苦難的痛苦。當我走出囚室、邁過通往自由的監獄大門時，我已經清楚，若不能把悲痛與怨恨留在身後，那麼我其實仍在獄中。」這番話顯見他的寬厚胸襟。

曼德拉的貢獻，世人有目共睹，然而南非經濟失衡的結構問題仍在。有人比喻，南非經濟結構就像愛爾蘭咖啡：下層是黑色咖啡，上層是白色奶油，上面撒了些巧克力。這個譬喻傳神地說明了在富有白人都市社區內的現象，這些社區大多數的黑人，不是從事幫傭就是負責修剪花草等以勞力為主的工作，日復一日。

選自「品學堂官方網站」

讀完這篇文章的你有什麼感受？

看到曼德拉帶領民眾為爭取公平正義所付出的努力和代價，最後雖得以南非領袖的身分親手終止種族隔離制度，但是種族之間的落差依舊頑固地存在，亟待解決。你的感受是無奈或是憤怒？

文章看來是談南非因種族歧視造成社會不公平的議題，但在這表面的議題之下，作者還想說什麼？他像我們閱讀後那樣憤怒或無奈嗎？作者是否有更多希望我們思考的事呢？

讓我們再一次從頭觀察文本並提出問題，仔細探究閱讀作者想說的話。

Q1 作者在文章中寫了哪些內容？

1 文章一開始有一段黑人被懷疑偷竊，遭受暴力對待的主觀視角敘述，他之所以被打，完全是因為他的膚色，而非他的真實作為。

2 第二段說明什麼是南非種族隔離制度。這是一種為了防止有色人種獲得投票權或影響力，在法律上將各種有色人種分隔至各地區的歧視制度。有色人種在生活上能使用的公共服務與資源，都受到不公平歧視的次等對待。

3「種族隔離」一詞雖然在一九四八年以後才開始為人熟知，但其實整個發展歷史已超過三百年。作者以具體年代說明種族隔離分為三個階段：

一六五二年　荷蘭殖民南非就開始有種族隔離的做法。

一六五二年～一九一〇年　南非聯邦政府成立，被視為南非種族歧視和隔離的初期。

一九一〇年～一九四八年　種族隔離的中期。

一九四八年～一九八九年　種族隔離由盛轉衰的晚期。

一九四八年　支持種族隔離制度的南非國民黨取得大選勝利，改變這歷史的關鍵人物曼德拉放棄繼承酋長之位，投身「非洲民族議會」擔任要職。

一九六一年　曼德拉創建「非洲民族議會」軍事組織領導武裝抗爭。他因為焚燒自己的通行證而被逮捕，並以煽動罪和非法越境罪判處五年監禁。

一九六四年六月　曼德拉又遭控企圖以暴力推翻政府，改判無期徒刑，最後坐牢長達二十七年半。

一九九〇年　解除戒嚴，同年南非總統德克勒克迫於國際情勢與經濟制裁，宣布無條件釋放曼德拉。

一九九四年　南非舉行首次不分種族大選，非洲民族議會以逾六成選票獲勝，曼德拉當選首位黑人總統，上任時便廢除種族隔離制度並致力於實現社會正義。

4曼德拉回顧自己年輕時暴躁的脾氣，在牢獄中生活的歲月給了他時間與激勵，讓他學會如何處理遭遇苦難的痛苦。當他走出監獄大門時，已經明白若不能把悲痛與怨恨留在身後，那麼他其實仍身處獄中。

5曼德拉為改變南非族群間的不公平貢獻良多，但真實的南非經濟結構依然如一杯愛爾蘭咖啡，最下層黑色的咖啡，被一層白色的奶油覆蓋著，最後在表面撒上一點巧克力。

我們重新整理這篇文章，再提取更為上層的內容，可以看出它是由下面這幾個元素所組合：

- 一個因為族群偏見的暴力行為

- 一段種族隔離歷史的興衰
- 一位推翻不公體制的改革者
- 一份對仇恨憤怒的反省
- 一個尚未解決的問題

Q2 這些內容之間有什麼關係？為什麼要安排這些關係？

這篇文章表面是介紹南非種族隔離的歷史與目前的現況，但實際上是作者藉由此文，丟給讀者一個需要自己發現並深思的問題：**為什麼南非黑白族群的階級問題沒能根本解決**？

我們以這個問題做為基礎，就可以逐步發現作者在文中鋪陳的另一個脈絡和他對這個問題的思考。

這篇文章第一個讓我好奇的地方，是作者開頭寫的那段黑人因偏見受欺凌的故事。它的存在雖然可以讓你我這樣不曾因膚色而遭歧視的讀者，明白那是一個多麼無理的社會，但沒有這個故事，也不會影響後面文章的完整性。作者為什麼要寫？

Q3 文章鋪陳的脈絡與段落結構，有什麼概念和作用在其中？

如果我們從文章結構來理解可以發現，開頭故事中黑人的命運和文章結尾愛爾蘭咖啡象徵的黑人處境是一樣的，皆受害於社會結構性的不公平，而這前後兩個黑人處境之間，夾著歷時三百四十二年的忍受和抗爭。最終政治上改朝換代，領導人黑白交替，卻沒能促使社會與經濟結構的改變，所以政治手段能改變族群不公平的問題嗎？看來並沒有。

另一方面，曼德拉離開監獄那段充滿愛與寬容的深切反思，認為仇恨與憤怒應該留在監獄繼續被禁錮，才能讓人們走向新未來的理想，似乎也只反映出他受世人景仰的精神高度，卻未能成為改變南非的力量。那問題到底出在哪裡？作者有提出相關的內容讓讀者能進一步深思嗎？

我觀察到文章中有兩個地方值得我們探究一番。

首先，作者在說明種族隔離發展歷史的開頭就談到，種族隔離實際上從歐洲殖民者踏上南非這塊土地就開始了——請留意他這裡用了「殖民者」。其次，在大航海時代，殖民者開拓殖民地的目的，都是為了掠奪資源、擴張經濟，一切的政策甚至戰爭都是為了鞏固經濟資源上的絕對掌控權。

Q4 這些概念統整起來，作者想說什麼？

文章中最後一段寫道：「然而南非經濟失衡的結構問題仍在。有人比喻，南非經濟結構就像愛爾蘭咖啡：下層是黑色咖啡，上層是白色奶油，上面撒了些巧克力。」我們可以發現作者以經濟結構的問題做為最後的結語，對應前面曼德拉透過政治與心態上試圖改變的努力，原來沒能改變的是殖民者的階級優勢已經滲透到經濟結構，成為黑人難以顛覆的宿命。而文章中那句：「這個譬喻傳神地說明了在富有白人都市社區內的現象。」富有的白人社區，其實就是南非社會的縮影。

Q5 我這樣的理解合理嗎？

這篇文章我們一起探究至此，從一篇談南非種族隔離政策與曼德拉的文章，變成探討種族隔離政策取消後，南非黑人為何沒能終結先天判決的苦難宿命。這結果合理嗎？我從以下幾點分析來自我檢視。

1 如果這篇文章只想介紹南非種族隔離政策，文章中提及關於種族隔離政策的歷史已經足夠。

2 如果要介紹曼德拉對南非黑人人權的貢獻，文中提及種族隔離政策的歷史和曼德拉的事蹟也就夠了，無須在最後一段說明南非黑人的地位沒有改變。這似乎為曼德拉的事蹟潑了一桶冷水，不合理。

3這篇文章有明顯的問題意識，而且這問題從一六五二年就開始，雖然透過激烈的政治手段與個人的精神感召來改變，但問題至今依舊存在。敏銳一點的讀者讀完文章，會進一步對這結果好奇，而開始思考原因何在。

4通篇文章讀來，解除種族隔離政策的做法都是以政治手段為主，獨缺經濟面向的作為。作者多處提及經濟結構，事實上是被殖民的南非黑人無力拆解的桎梏；或許我們可以說，這就是當今世界強權能夠繼續掌控世界秩序的源頭，不容挑戰也難以取代。這才作者思考的問題！

Q6 我讀完這篇的反思為何？

反思的層次取決於讀者自身的條件，所以反思開展出來的廣度和深度未必每個人都一樣，其結果是讀者心中關於知識與思維最誠實的表現。

我讀完這篇文章的反思，除了關於殖民經濟與霸權、平等的普世價值、勇者的風範外，就是我在文章開頭所寫的，人身為一個擁有高度智慧與靈性的物種，我們並沒有進化成為一個更為高等的生命存在。只是透過更為複雜、更為超級的規模，延伸生物原始的欲望，對權力、資源、領域的強取豪奪。政治、經濟、戰爭等都源於此。德斯蒙德．莫里斯在《裸猿》書中有一段話令人深思，他說：「儘管人類博學多才，可他仍然是一種沒有體毛的猿類；儘管他獲取了高尚的動機，可是他並未丟掉自己更為原始而悠久的動機。」

沒想到這篇文章走筆至此，竟然以生物學者的觀察為結語，但這確實是我讀完後的省思。

多次有老師問我如何找到跨領域文本，事實上我不確定有沒有一種文本叫跨領域文本，因為就算有，也很容易因為自己本位的認知，將文本解讀成為自我認定的領域。所以，與其尋找跨領域文本，不如一起關心孩子和我們自己是否擁有跨領域的心智思維和探究理解的能力吧，如此才能看見這跨領域的世界！

探究時間

閱讀完〈天生的判決〉後，邀請你動動腦，寫下你對於這篇文章的……

3個能表達你感受的形容詞：

2個以問號結尾的好奇疑問：

1個你不曾有過的新奇發現：

1個你認為重要的核心概念：

探究實作3 生活類文本：二〇二五年咖啡不夠喝了！

#不囤口罩了，現在開始咖啡豆囤起來
#資訊有兩種：「事實」與「臆測」，你要哪一種？
#照單全收的閱讀不等於廣泛閱讀
#判讀海量資訊，探究真實世界

大約在去年的九月份，一則在網路上的標題吸引了我的注意，標題大意是說「二〇二五年咖啡產量將不足供全球飲用」。當時正忙著調整工作坊的講義內容，所以沒點入細看，但是這則看似生活情報的新聞卻在我腦中盤旋一整天。因為我喜歡喝咖啡，如果二〇二五年咖啡豆產量不夠了，那真令人沮喪啊。

當天晚上剛好和朋友有聚會，在場也有幾位咖啡的愛好者，我就分享了這則消息，順便聽聽朋友的看法。果然，愛喝咖啡的朋友聽到這消息就帶著一點焦慮聊起來了。一位朋友說他有注意到，之前國際咖啡豆價格小幅下跌，但是近期開始漲價了，不知道跟這原因是否有關。

我雖然愛喝咖啡，但是沒到講究產地或自己炒豆的程度，面對咖啡將漲價的趨勢，我已經有逆來順受的準備。不過有位朋友未雨綢繆地說：「反正大家都愛喝咖啡，我們要不要先買一堆來放著啊，不是要賣，就是我們自己喝。」一位朋友回應：「這很麻煩啊，買多了不知道放哪裡，而且要保持鮮度，如果放到失去風味也可惜了。」

這時候大家不約而同把眼睛望向一位安靜喝著咖啡的朋友，因為他在宜蘭有個房子，像民宿一樣大。他看起來沒反對，卻幽幽提出另一個意見：「大家要放沒問題啊，可是保存一定要專業，所以大家交錢買咖啡同時，也要買營業用的冷凍冰箱來放如何？」我理解他這個意見是想提醒大家，想喝牛奶不需要自己養一頭牛。平時要花這麼多功夫和金錢，還不如想喝的時候去買就好，其他的事就交給專業吧。這時候朋友忽然冒出一句：「改喝茶吧！」引來一陣笑聲之後結束這話題。

對於「二〇二五年咖啡產量將不足供全球飲用」的消息，朋友以囤積咖啡的思考來解決問題，我知道有玩笑成分，但是也反映了一種真實的慣性。在朋友討論著如何保存咖啡豆時，我心中卻盤旋一個問題：**這會不會是咖啡盤商為了拉抬價格放出的假新聞**？為了對這件事有更深的理解，我開始尋找相關資料閱讀。

我第一個尋找的是這消息是誰說的。經過幾次關鍵字的輸入搜尋，我找到了幾個媒體都有相關報導，其中不約而同提到一家日本商社「丸紅」。報導內容大致如下：

近年幾乎成為各國國民飲品的咖啡，再過幾年可能要面臨缺貨危機。根據日本丸紅商社預估，世界咖啡豆生產量成長停滯，但消費量卻以驚人速度增長，到了二〇二一年度兩者曲線恐出現反轉，消費量超過生產量，世界咖啡豆庫存就可能見底。其中一大因素就是中國大陸等新興市場也興起喝咖啡風潮，中國品牌瑞幸咖啡在中國展店數量直逼龍頭星巴克，今年五月甚至赴美國上市。現在日本咖啡連鎖店已產生危機感，開始尋找小規模生產國，要拓展咖啡豆來源。

根據這些資訊，我想問兩個問題：

1日商丸紅的預估應該具產業參考指標，所以不同新聞媒體才會引述報導。這家丸紅商社是什麼樣的公司或集團？為什麼其預估有產業指標性？

2中國大陸和新興市場吹起喝咖啡的風潮，中國的瑞幸咖啡連鎖店數量甚至直逼星巴克，有多少家？這股風潮增加多少咖啡豆的消耗量？

接下來我繼續在網上搜尋，想找出這兩個問題的相關資料，下面是我找到資料的整理：

丸紅株式會社（MARUBENI CORPORATION）是日本具有代表性的大型綜合商社，自一八五八年創立以來，至今已有一百四十多年的歷史。公司總部設在東京，是日本五大綜合商社之一。丸紅是一個綜合性企業集團，主要從事日本國內、進出口貿易、國際間商品技術服務貿易，並利用投資、融資等功能，經營領域不斷擴大，通過包括日本在內六十八個國家地區的一百三十六個據點，以及四百五十九家投資企業，積極拓展事業。根據二〇一九《財富》雜誌世界五百強企業排名，丸紅株式會社排第一百四十七名，營業額達六百六十七億五千三百萬美元。

根據這些內容，可知丸紅株式會社在全球的事業經營規模及產業項目廣泛，許多和原物料採購的貿易有關，因此需要彙整多方情報，進行成本控管，如此看來他們的預估是有參考指標價值的。

關於中國與新興市場的咖啡風潮，有沒有相關報導呢？我找到一些相關資料如下：

1二〇一八年中國人均咖啡消費量六·二杯，與發達國家相比，中國人均咖啡消費量僅為美國的一·六%。二〇一八年中國咖啡市場規模達五百六十九億人民幣。隨著中國人民生活水平的提高和對咖啡文化認知程度不斷增長，加之巨大的人口紅利，刺激國內咖啡消費，預計二〇二三年中國人均咖啡消費量十·八杯，咖啡市場規模一千八百零六億人民幣。

2對北京、上海等一線消費市場的調查顯示，咖啡消費主力用戶是八〇後、九〇後的辦公室白領。每週咖啡二～三杯的消費者占比約為三二%，每天一杯的消費者占比約為三〇%，每天二～三杯的消費者占比約為一八%。據此測算，北京、上海等大都市白領消費群體的年人均咖啡消費已經達到了一百～一百五十杯，可以推斷，目前中國一線咖啡主力消費市場正趨於飽和。

3 據前瞻產業研究院數據，二〇一六年中國咖啡行業的市場規模為七百億人民幣，以平均每年十五%的增速增長，預計二〇二〇年市場規模將達三千億人民幣，二〇二五年很可能突破萬億人民幣規模，國內咖啡市場具有巨大增長潛力和空間。

這些內容看起來有憑有據，卻不是我要的，為什麼呢？因為這些訊息傾向於媒體或筆者的「觀點」（opinion）而不是「事實」（fact），資料中應該為事實的訊息，例如數據的呈現，都帶有大約或區間的語境，不足以反映事實，所以只是看起來有憑有據。

相對於前面的資料，下列這些資料較為可信。

1 根據哥倫比亞國家咖啡生產者協會的數據顯示，中國的咖啡消費量從二〇〇六年的二．六萬噸增加到二〇一八年的一二．八萬噸。「哥倫比亞咖啡在中國的年銷售量十二年前約為四百噸，預計今年將超過二千噸。」哥倫比亞貿易投資旅遊局局長 Flavia Santoro 在接受《二十一世紀經濟報導》記者採訪時表示。也就是說，中國的咖啡消費量在十二年中增長了近五〇〇%。

2 根據中國商務部公布的數據，二〇一八年中國從巴西進口的咖啡、茶、馬黛茶及調味香料的總價值較二〇一七年增長了二六六．四%，同期中國從哥倫比亞進口的咖啡、茶、馬黛茶及調味香料總價值同比增長了八三・一%。

3 美國農業部（USDA）的數據顯示，二〇一七／一八年度中國的生咖啡產量為二百萬袋（占全球產量的一・二六%，每袋六十公斤），同期中國的生咖啡出口量為一六二・五萬袋（占全球的一・二四%），而同期的中國國內消費量為三八二・五萬袋（占全球的二・三九%）。

4 根據國際咖啡組織ICO（International Coffee Organization）的數據，亞洲目前已經發展為可觀的咖啡消費市場，其中日本咖啡消費量居亞洲首位；其他咖啡消耗較大的國家包括菲律賓、印尼和越南等東南亞咖啡產地國家，總量從三百三十萬袋增長四倍至一千一百四十萬袋。

各位可以看到，上列的資料數據是來自於國家級官方機構，所以可信度較高。此外，資料中對後續發展沒有給予臆測。對於未來市場發展，全由讀者根據這些客觀事實自行分析推衍。實際上我還搜尋到其他許多資料，但因為篇幅限制，我就在此打住。根據這些資料來看，亞洲以中國為首的新興市場，確實創造了咖啡消費的巨大成長。但是這是咖啡豆可能不夠的唯一原因嗎？

我在查閱資料時讀到一篇關於咖啡產量的報導，報導引述了兩位國際咖啡權威的談話，其中有個地方引起我的注意。

第一位是一九六三年在聯合國的支持下於倫敦成立的國際咖啡組織ＩＣＯ主席Joes Sette，他在中國主要咖啡產地雲南普洱演講時說：「受到暖化、旱災、暴雨等極端氣候影響，全球咖啡產地預估將於二〇五〇年消失一半。」

第二位是馬來西亞咖啡學家李威霆先生，他利用臉書進行跨國採訪研究後指出：「溫室效應除了傷害產地，隨之而來的高溫和蟲害，才是最致命的傷害。」由於目前咖啡品種大都研發於二十世紀，因此很難適應近年氣候劇烈變化和新變種的病害挑戰。「未來十年內就會出現供不應求，咖啡豆的平均品質也會嚴重下滑。」李威霆解釋，會造成這個現象，是因為對阿拉比卡種咖啡豆的依賴太重。

這則報導我認為有兩個問題值得探究。

1 **全球暖化對咖啡生產帶來什麼影響？**

2 **為什麼對阿拉比卡品種的依賴，會造成全球咖啡供需失衡的問題？**

我用如前面資訊同樣的標準開始尋找，找到的部分訊息整理後如下：

全球商業咖啡有兩大品種，一種是香氣較重的阿拉比卡咖啡（Arabica），另一種是味道偏苦的羅布斯塔咖啡（Robusta），而阿拉比卡的多重口味使它成為世界上最受歡迎的咖啡，市占率有七成以上。但是多數的阿拉比卡種咖啡都種植在伊索比亞山區，導致基因多樣性不高，因此對氣候的變遷特別敏感；阿拉比卡必須在適合的溫度（攝氏十八～二十二度）、溫和且規律的降雨量之下，才得以生存。

全球暖化造成不可預知的天氣狀況，使得細緻的阿拉比卡咖啡無法在這樣的環境生存，以墨西哥為例，溫度攀升帶來的豪雨，使得土壤裡的咖啡種子無法萌芽；來自蘇黎世聯邦理工學院陸地生態系統研究所的 Ainhoa Magrach 解釋：「咖啡是非常脆弱的，開花只有短短四十八小時，因此若這時碰上豪雨，整區的作物都會毀於一旦。」

根據美國農業部最新的全球咖啡產量報導，二〇一九／二〇全球咖啡產量預估為一．六九一億袋（每袋六十公斤），相比去年減少五百四十萬袋。

二〇一九／二〇全球消費量預計達到創紀錄的一．六七九億袋，今年咖啡庫存預估將減少二百八十萬袋，僅存三千三百五十萬袋。預計全球咖啡出口將下降八十萬袋，到一．一六八億袋的水準，雖然越南和印尼的咖啡出口有增加，但是無法彌補巴西出口減少的部分，二〇一九／二〇巴西阿拉比卡咖啡產量預估將減產七百二十萬袋至四千一百萬袋。

根據最新的氣候資訊計算，到了二〇五〇年，適合種植阿拉比卡咖啡的土地面積可能會減半，尤其以越南、印度、中美洲等咖啡產地，遭受的打擊將會特別嚴峻。

由以上資料歸納統整後可以明白，除了消費人口和消費量大幅增加外，全球暖化對環境帶來的巨變，加上消費市場對單一品種的高度需要而影響物種基因的多樣性，也是造成未來咖啡產量不足以供給全球咖啡市場的原因。

上面分享的內容，就是我為自己提出的問題尋找答案的探究與理解過程。實際上在探究這些問題的過程中，我閱讀、比較了許多資料，現在分享給各位的只是極少部分，在過程中我除了思考咖啡的問題之外，也同時反思正在進行的閱讀。

閱讀教育中常常聽到一種說法：孩子需要廣泛閱讀、大量閱讀。這觀念完全正確，也需要落實，所以家長、媒體、老師就提供書單要同學閱讀，這當然是好事。

但是廣泛閱讀、大量閱讀不是只有我們開書單給孩子讀這種形式而已。

更接近真實情境的廣泛閱讀、大量閱讀，是依據需要所開展的閱讀光譜。

閱讀的內容有前後遞接的關係，有左右互證的目的，因為不斷發現，所以持續閱讀，最後形成一個探究思維的網絡，讓答案逐漸清晰，能力逐步養成。

我本身的專業領域並不是商業或經濟，更不是農業或生物，但我藉由問題的探究過程，從大量資訊的搜尋，閱讀了正在發生的真實世界、真實情境。於是，知道我原本不知道的事，學習我不曾學習的事，思考我不曾思考的問題，理解我原先不曾理解的原因，建構出新的認知，改變我原有的觀點。

個人所學可以成為個人的專業，但不該是個人的限制。因為學習、心智與生命的開展，就建立在每一次可以為自己加深加廣的閱讀與探究之中。

當你開始閱讀與探究這些問題，或許就能明白，**過程中透過廣泛大量閱讀所得到的發現，比答案更重要！**

這篇文章放在實作的單元裡，但是整篇內容讀下來，我好像把實作做完了。不過別擔心，接下來才是各位的實作。

歡迎翻到下一頁，進入各位的「探究時間」！

探究時間

邀請你動動腦，從以下提問開啟新的探究之旅吧！

1我們都知道「保力達B」這個商品，請問保力達B是什麼飲料？

2如果你心中馬上浮現「提神飲料」四個字，那我要追問的是，根據成分來看，它含有一〇%的酒精，許多人喝酒會醉或是反應遲鈍，這似乎與提神效果相反？

3如果你說保力達B是「藥酒」，那為什麼雜貨店、檳榔攤可以買得到？它對健康有益或是另有功效？你認為它是什麼飲料？

探究實作4　科普類文本：在傷口上撒「糖」

#看不懂？沒聽過？趕緊科普一下！
#傷口甜甜的，像初戀一樣
#不只要觀察，還要提問和驗證
#科普文章表示：「我不醜，而且我超可愛。」

眼前的二十一世紀世界，我們無論衣、食、住、行、工作與娛樂，背後都有科技協助完成。但是科技本身是被創造出來的技術，其背後真正的母親是「科學」。科學與技術常被視為一體，其實這是誤解兩者的關係，因為人類系統性地以科學知識來發展技術，是在十七世紀牛頓完成科學革命之後。在此之前，科學與技術基本上是不同的兩個概念。

科學的發展可以推到古希臘時期。當時知識分子或一般民眾在探求世界真理的過程中，部分的結果已經產生一些基礎科學知識，但這些科學知識多半不是為了指導技術而發展出來的。事實上，古希臘的科學是哲學的一部分。美國物理學家理查·費曼（Richard P. Feynman）在《這個不科學的年代》一書中說得很清楚又容易理解：「科學指的是追根究柢之後湧出來的一堆知識，科學也可以是指追根究柢發現了什麼之後，因此可以做到的新事物、新計畫，又或者指實際著手進行新事物、新計畫的本身。最後這個領域一般叫作技術（technology）。」

今天，許多科學知識早已透過教育融入生活中，甚至成為現代生活基礎的常識了。像風是大氣流動的現象，高速摩擦兩塊木頭可以產生高熱來生火，裝冰水的杯子會凝結空氣中的水氣，結成附著在杯子上的水珠等。但是在科學知識與科學思維無所不在的教學現場，依舊有許多非科學專業的老師，尤其是國文老師，一遇到科普文章就難免焦慮，問我該如何處理科學類文本。我常安慰老師，**科學議題的文本在寫作上一定會有符合科學的敘述結構，必然跟發現與驗證有關**，而且科普文章就是寫給科學知識較不足的讀者讀懂科學的文章。所以，**避免用學科知識來讀，聚焦梳理作者在文章中的探究歷程，反而有助於理解**。

下面這篇科普文章，有著可愛又背離一般經驗的標題：〈在傷口上撒「糖」〉。或許你心理上還有些抗拒閱讀科普文章，也請先將這種情緒放在一旁，以你自在的速度讀完文章，隨後我們一起來探究科普文章是否真的難以駕馭。

在傷口上撒「糖」

「在傷口上撒鹽」這句話，常被用來形容對人落井下石的行為，因為將鹽巴撒在傷處，將會刺激疼痛已經緩解的傷口，再次造成劇烈的痛感。不過，對於非洲內陸的農村居民來說，被割傷或是跌倒造成擦傷時，用鹽巴擦拭傷口卻是十分常見的治療方式。除了鹽巴以外，若是家中經濟狀況允許，有時也會使用刺激性較小的「糖」來治療傷口。

二〇一八年，來自辛巴威的英國學者穆蘭多（Moses Murandu）發表了一項初步研究成果：他將廚房常見的砂糖撒在外傷的傷口上，並用繃帶包覆起來，結果發現傷口癒合的速度，比什麼都不做時要快上許多。穆蘭多表示，這是因為糖會吸走傷口附近的水分，造成細菌脫水無法繁殖，進而抑制細菌增長，讓傷口可以更快復原。

這項研究成果對於無力負擔抗生素費用的窮困百姓來說是一大福音，因為這種治療方式十分簡單，價格也很低廉。此外，由於愈來愈多細菌對抗生素產生抗藥性，人類在與疾病的抗爭中處境漸趨艱困，若是能以砂糖取代部分抗生素的使用時機，或許便能減少抗藥性造成的問題，讓人類在這場戰役中得以游刃有餘。

你可能會想，這樣的「糖療法」是否能施用在糖尿病患身上？畢竟，糖尿病患必須維持血糖的穩定，似乎不適合直接往傷口上撒糖；然而穆蘭多的臨床研究結果顯示，使用糖療法並不會造成患者的血糖上升。這是因為當糖在人體外時，無法被順利轉化成人體可以吸收的形式，自然也就不會進入血液之中了。

其實，穆蘭多並不是使用糖療法的第一人，早在這份研究公布之前，便已有一些醫療人員在治療傷口時摻入砂糖。例如：美國獸醫麥可（Maureen McMichael）表示，他自二〇〇二年起，便常在手術中以糖、蜂蜜治療寵物及牧場動物。而台灣的賴春生教授，則是曾以糖療法治療上百位糖尿病患的皮膚潰爛，最後取得八〇%患者傷口面積縮小的驚人成績，其中甚至有四〇%患者傷口痊癒。

值得注意的是，儘管糖療法在當前的醫學研究中皆取得不錯的成績，而且砂糖是隨手可得的原料，民眾仍不應自行將家裡的砂糖敷上傷口。廚房裡的砂糖上雖沒有細菌，卻附著有大量黴菌，可能導致傷口發霉。此外，糖療法雖能促進傷口表面癒合，卻無法深入患部進行殺菌，倘若隨意敷用，可能造成表層復原、深層繼續潰爛的情形產生。若欲使用此種療法，建議先向醫師諮詢，確認無感染風險後，購買高純度提煉、乾淨而未受汙染的醫療用砂糖，再進行治療。

各位辛苦了，請問讀完後是否有一種長知識的感受？如果有，恭喜你！這就是科普文章最主要的目的。

大部分科普文章無論是對新、舊事物或是已知、未知領域的探究，其結果都是幫助讀者在作者研究或關注的領域中思考更多、認識更深，更新舊識，建立新知。這篇文章也同在這框架內。

文本在寫作上都有作者自己的內在邏輯和脈絡，科普文章也是如此，不過科普文章有其科學論證的客觀需要，所以敘述結構上會依循科學探究的方式來書寫內容。基本說來，科普文章必定會涵蓋科學方法的三個內涵：

- **觀察發現**
- **假設提問**
- **檢證反思**

接下來我們就從這基礎出發，結合前面幾篇實作的提問架構來探究這篇文本。

Q1 作者在文章中寫了哪些內容？

1 非洲內陸農村居民若家中經濟狀況允許，有時會使用刺激性較小的「糖」來治療傷口。

2 二〇一八年來自辛巴威的英國學者穆蘭多發表了一項初步研究成果：將砂糖撒在外傷的傷口上用繃帶包覆起來，發現傷口癒合的速度，比什麼都不做時快上許多。原因是糖會吸走傷口附近的水分，造成細菌脫水無法繁殖，抑制細菌增長，讓傷口可以更快復原。

3 這項研究成果對於無力負擔抗生素費用的窮困百姓來說是個福音，因為這種治療方式簡單且價格低廉。

4 由於愈來愈多細菌對抗生素產生抗藥性，若是能以砂糖取代部分抗生素的使用，或許便能降低細菌抗藥性的問題。

5 根據臨床研究結果顯示，因為糖在人體外無法被轉化成人體可以吸收的形式，不會進入血液造成患者的血糖上升。所以「糖療法」可以施用在糖尿病患身上。

6 還有其他醫師也把糖療法應用在不同的醫治對象。一位是美國獸醫麥可自二〇〇二年起，在手術中以糖、蜂蜜治療寵物及牧場動物。另一位是台灣的賴春生教授，以糖療法治療上百位糖尿病患的皮膚潰爛，八〇％患者傷口面積縮小，其中甚至有四〇％患者傷口痊癒。

7 糖療法在醫學研究中取得不錯的成績，但民眾不應自行將家裡的砂糖敷上傷口。因為廚房常備的砂糖上雖沒有細菌，卻附著有大量黴菌，可能導致傷口發霉。

8 糖療法能促進傷口表面癒合，但無法深入患部殺菌，隨意敷用可能造成表層復原、深層繼續潰爛的情形產生。

9採行糖療法，必須使用高純度提煉、乾淨而未受汙染的醫療用砂糖。

整理完以上訊息，我們進入下一個提問。

Q2 這些內容之間有什麼關係？

科學不只是研究的結果，更重要的是研究出結果所使用的方法與思維。理解科普文本的關鍵也是如此。這篇文章的內容順著讀下來，可以很明顯看出來，作者就是用科學的方式說明以糖治療傷口的新觀念。

・**觀察發現**：

1非洲內陸的農村居民用「糖」來治療傷口。

2糖使細菌脫水無法繁殖，抑制細菌增長。

・**假設提問**：

1以砂糖取代部分抗生素，或許便能減少抗藥性造成的問題。

2「糖療法」能否施用在需要控制糖攝取的糖尿病患身上？

3「糖療法」治療皮膚傷口是否具有確切的科學數據證明？

・**檢證反思**：

1糖於體外無法被順利轉化成人體可以吸收的形式，不會進入血液之中，所以可用於糖尿病患身上。

2美國獸醫麥可在手術中以糖、蜂蜜治療寵物及牧場動物。證實對動物有效。

3台灣賴春生教授，以糖療法治療糖尿病患的皮膚潰爛，八〇%患者傷口面積縮小，有四〇%患者傷口痊癒。證實對人有效。

4兩位使用糖治療法的醫生在正面效果的案例中，並沒有提到使用抗生素。因此，間接佐證糖治療傷口的方法可以減少使用抗生素的機會，降低細菌產生抗藥性的機會。

Q3 作者舉出這些觀察研究與有效實例，想說什麼？

作者引用了大家熟悉的一句話「在傷口上撒鹽」，但把「鹽」換成「糖」，形成一種「顛覆常理」的閱讀感受，表達這是一個顛覆過往認知的醫學新知。並以具體的研究成果，說明糖能幫助傷口復原的原因。並介紹可使用在糖尿病患身上，化解憂慮，還有機會延伸應用於減少抗生素使用，避免形成細菌的抗藥性。最後以兩位不同國家的醫生，在不同的對象身上使用糖治療法以驗證可行性，給予讀者當前醫學發展的新知。

讀完這篇文章後，我們知道糖可以殺菌幫助傷口復原並且避免過度使用抗生素，但是這篇文章的功能就僅止於提供這個新知而已嗎？如果以探究式閱讀的思維，可以從結果再提出問題來進行反思，延續探究與閱讀的歷程。例如：

1為何糖治療法沒成為主流的醫療方法之一？

2成為廣泛被認可的治療法需要滿足什麼條件？

3使用糖治療傷口有效，使用抗生素治療更有效，這中間有使用於不同傷口條件上的差別嗎？如果知道傷口種類與嚴重性的分級，是否可以建立糖與抗生素的使用規範？

4在沒有危及生命的前提下，選擇何種治療方式的依據是什麼？這種選擇依據的原則，和全民健保醫療資源使用的合理與浪費是否有關聯？

5（承上）面對全民健保如何延續，是單純提高保費，還是要管制醫療行為所使用的資源？

如此看來，這篇文章在反思中的提問，已經開啟更為廣泛又高層的議題探究與閱讀了。

〈在傷口上撒「糖」〉是一篇結構相對單純，舉證、檢核條件明確的科普文章，但是這樣容易理解的文章中，還是有我們可能不知道的知識。例如，文章中有一句「糖會吸走傷口附近的水分，造成細菌脫水無法繁殖」——我知道鹽可以用來脫水，但是為什麼糖也會讓細菌脫水？另外，為什麼糖尿病會讓皮膚潰爛？這其中都有我不了解的知識。但是，不了解這些知識並不會影響對這篇文章的理解。專業的科學文章例如學術研究論文，的確需要充分的專業知識，但專業的文章本來就是寫給專業人士閱讀。而科普文章如前面所說，作者寫作的目的，則是要寫給普羅大眾理解，增長新知的文章，即使文章中有較專業的知識，多數作者通常也會在文章中補充說明。

科學研究有嚴謹的步驟，如前面所介紹，包括觀察發現、假設提問與檢證反思；而科普文章在內容上或許領域很廣泛多元，但是寫作手法與內容是單純的，多是介紹科學研究發現的成果或反思，有時也會將結論做為持續探討的問題，留下思考的空間。科普文章是閱讀光譜中的一個領域，其中包含不同科學主題的專業知識，但是作者依舊是以文章的形式傳達內容，所以**閱讀時只要掌握閱讀素養的理解歷程，留意文章中除文本結構外，關於知識內容本身的前後或橫向的關聯性**，別因為對不同科學領域的陌生而懷有恐懼，就會發現理解科普文章並沒有想像中困難。

正因為這世界還有許多我們不懂、不明白的事，我們才更需要閱讀這些文章，參與探究與發現的過程，與這些勇於探索未知領域的人同行，讓他們擴大你我的世界，思考更深刻的問題。

探究時間

閱讀完〈在傷口上撒「糖」〉後，邀請你動動腦，寫下你對於這篇文章的……

3個能表達你感受的形容詞：

2個以問號結尾的好奇疑問：

1個你不曾有過的新奇發現：

1個你認為重要的核心概念：

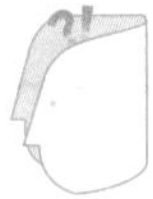

探究實作5　哲學類文本：先知

#你的孩子不是你的孩子
#你的老師奉獻的是愛心和信念
#你不是沒有答案，只是需要釐清答案的依據
#究極一切的閱讀，是為了探索此生重要命題
#一位探究閱讀者的誕生

每逢寒暑假，就會有學校老師或是媒體為同學開假期閱讀書單。選書的方向與內容多元豐富，每年都有新書加入，但有幾本書從我學生時期就一直在不同的書單中出現，像這樣的書必然是一本經典，是一本在不同時代、不同生命經驗的

人閱讀後，都能獲得啟發的好書。在本書實作單元中的最後，我們就一起來探究一本跨越時代與文化，給無數人帶來生命啟示的經典作品，黎巴嫩作家卡里・紀伯倫（Kahlil Gibran）的著作《先知》。

《先知》一九二三年甫出版，即在西方受到廣大讀者的喜愛，在文壇上被譽為與泰戈爾獲得諾貝爾文學獎的詩集《吉檀迦利》齊名的登峰造極之作，甚至賦予了「小聖經」的美譽。

我挑選了其中兩篇在本文分享，分別是〈孩子〉和〈教育〉。待各位讀完後，寫下你認為可以幫助理解的問題，我們再一起探究這本動人的著作。

先知

孩子

紀伯倫

一個懷裡抱著嬰兒的婦人說，跟我們說說「孩子」吧。
於是他說：
你的孩子不是你的，
他們是「生命」的子女，是生命自身的渴望。
他們經你而生，但非出自於你，
他們雖然和你在一起，卻不屬於你。
你可以給他們愛，但別把你的思想也給他們，
因為他們有自己的思想。
你的房子可以供他們安身，但無法讓他們的靈魂安住，

因為他們的靈魂住在明日之屋，
那裡你去不了，哪怕是在夢中。
你可以勉強自己變得像他們，但不要想讓他們變得像你。
因為生命不會倒退，也不會駐足於昨日。

你好比一把弓，
孩子是從你身上射出的生命之箭。
弓箭手看見無窮路徑上的箭靶，
於是祂大力拉彎你這把弓，希望祂的箭能射得又快又遠。

欣然屈服在神的手中吧，
因為祂既愛那疾飛的箭，
也愛那穩定的弓。

教育

然後，一位教師說，跟我們說說「教育」吧。

他回答：

任何人能夠給你的啟發，

其實都已經在你知識的曙光中半睡半醒。

老師漫步在神殿的暗影中，

走在門徒之間，

他們奉獻的不是智慧，而是信念與愛心。

若他確實睿智，就不會吩咐你進入他的智慧之屋，

而是引導你跨越自己心靈的門檻。

天文學家或許可以與你暢談他對太空的了解，

卻無法把他的理解給你；
音樂家或許可以對你唱出盈滿天地之間的韻律，
卻無法給你掌握節奏的耳朵，
或是應和韻律的歌喉；
精通數字科學的人或許可以告訴你計算和度量的方法，
卻無法帶領你到達彼方。
因為一個人不能把想像力的翅膀借給別人，
就像在神的心中，你們是各自獨立的，
因此，你們也必須獨自認識神和地球。

選自《先知》（野人文化出版、趙永芬翻譯）

讀完〈孩子〉和〈教育〉這兩篇散文詩，是否有某種觸動？它的文字並不是理性精確的知識說明，但閱讀時心中卻有股深刻清澈的感悟流過，就算還未能通透，也有一番啟發。這令我更想知道，為什麼紀伯倫的作品在一九二三年出版時，會在西方掀起巨大迴響？在我讀完、感動之餘，我第一個想問的問題是：

一位黎巴嫩作家的作品被西方譽為「小聖經」，只因為許多媒體與讀者在讀完作品後，感動於作品中充滿「愛」與「美」的感性文字嗎？

隨著以下提問，我們一起來探究這個答案。

Q1 作者想藉由這本書說什麼？

《先知》這本書共收錄二十八篇作品，除了第一篇〈船來了〉敘述先知將離開的心境外，每一篇主題都是關於生活與生命中重要的命題，包括：愛、婚姻、孩子、給予、飲食、工作、快樂與悲哀、房屋、衣服、買賣、罪與罰、法律、自由、理性與熱情、痛苦、自知、教誨、友誼、說話、時間、善與惡、祈禱、歡樂、美、宗教、死亡、告別等二十七個主題。這些主題的安排從第一篇〈愛〉到最後一篇〈告別〉，作者似乎有意呈現一個生命從開始到終結的歷程。**但是作者如此安排想說什麼？**

Q2 作者在這本書中寫了什麼？

《先知》書中二十七個主題，我們可以觀察到作者用一種獨特的表達形式，就是以「問」與「答」的手法貫穿全書。而書中對問題的回答，並不以說明為目的，而是以共有的生命經驗建立感受，引導聽者在心中思考並獲得啟發。

例如在〈孩子〉這篇中，先知說：

「你的孩子不是你的，

他們是『生命』的子女，是生命自身的渴望。
他們經你而生，但非出自於你，
他們雖然和你在一起，卻不屬於你。
你可以給他們愛，但別把你的思想也給他們，
因為他們有自己的思想。」

這裡他想告訴我們，孩子是延續「生命」，亦即傳宗接代這原始欲望的成果。這裡所指的「生命」是超越個人存在，屬於整體自然生命延續的秩序。所以孩子雖經我們所生，卻出自於生物族群世代延續的自然法則，並不屬於我們。這符合多數人的成長經驗，我們生命來自於父母，但是我們都會去探索自己的人生。因此，我們唯一可以給孩子的是「愛」這個支持與滋養生命的能量，而不是我們既有的思想；因為他們會有自己的思想，創造他們自己的生命劇本。而個別生命劇本彙整起來，將成為整體自然生命發展的劇本。

另一段他寫道：

「你好比一把弓，
孩子是從你身上射出的生命之箭。
弓箭手看見無窮路徑上的箭靶，
於是祂大力拉彎你這把弓，希望祂的箭能射得又快又遠。
欣然屈服在神的手中吧，
因為祂既愛那疾飛的箭，
也愛那穩定的弓。」

這是一個更明顯以生活經驗讓讀者反思的敘述。父母是弓，子女是箭。但有趣的是，父母只是弓，真正射箭的是「祂」，也就是神。這說法表示一個人的生命背後有另一個更為崇高的力量安排遠大的一切，但是請相信安排這一切的神，祂愛著你，也愛著你的孩子。

你讀到的第二篇〈教育〉，更是這個想法的延伸。開頭的第一段，先給讀者一個結論：

「他們奉獻的不是智慧，而是信念與愛心。
若他確實睿智，就不會吩咐你進入他的智慧之屋，
而是引導你跨越自己心靈的門檻。」

教學者在教育中奉獻的不是智慧，而是給予信念和愛心，睿智的教育並非讓人走入教導者的智慧與思想裡，而是引導人跨越限制自身心靈的門檻。如果各位仔細感受紀伯倫化身為先知在全書中回答的所有問題，都是秉持這個核心理念。他並不是要讀者複製他的話語，而是藉由他的話語，越過限制自己的框架。

接下來的一段，紀伯倫以三個例子來加以說明，佐證他的觀點，這三個例子

分別是：

1天文學家或許可以與你暢談他對太空的了解，卻無法把他的理解給你。

2音樂家或許可以對你唱出盈滿天地之間的韻律，卻無法給你掌握節奏的耳朵，或是應和韻律的歌喉。

3精通數字科學的人或許可以告訴你計算和度量的方法，卻無法帶領你到達彼方。因為一個人不能把想像力的翅膀借給別人。

所以他最後說，在神的心中每個人都是獨立而不同，每個人將以自己獨立的存在去認識神與世界。

書中先知阿穆斯塔法回應問題的過程，沒有給予具體的答案，而是讓讀者自己在心中形成自我發現與啟迪的結果。若我們從這些訊息為基礎，再以相同方式去觀察閱讀書中其他篇章，會發現這整本書背後，有一種以宗教信仰與哲學為基礎的生命觀。作者以問答形式來傳達生命中許多命題的想法，這些內容似乎在重新定義並說明眾所周知之事的同時，透過有溫度的語言啟發讀者，療癒提問者期待答案的心。

紀伯倫在書中回答的形式與內容令我好奇，於是我有了下面這個問題。

Q3 是什麼文化背景或信仰上的影響，讓紀伯倫用這樣的方式來表達他的想法？

整理我查閱到的資料，紀伯倫生於一八八三年一月六日。他的故鄉布雪里（Bcherri），位於黎巴嫩山地中最深的峽谷——哇地．瓜地沙（Wadi Quadisha）懸崖旁的一小片平原。哇地．瓜地沙意謂「聖谷」。根據紀伯倫的好友和傳記作者芭芭拉．楊（Barbra Young）寫道：「訪遊哇地．瓜地沙，像是離開當代世界，身體與心靈都會進入一種古老而超時間的氛圍。那是一種開闊無拘束的美，它有一種偉大的力量，能讓我們的心靈專注於這樣的思想：『我們擁有永恆』。」那是紀伯倫常掛在口頭上的一句話。

黎巴嫩是中東所有國家中宗教最為多元的社會，共有十八個公認的宗教派別。兩種主要宗教，一是伊斯蘭教（什葉派和遜尼派）占總人口的五四％；二是基督教，占人口四〇．四％。這比例在以伊斯蘭教為主要信仰的中東區域來看，相當特殊。紀伯倫成長的環境，就是一個東、西兩大宗教交會的國度。此外，他成長過程的家庭變動，與母親移居美國波士頓，甚至在一九〇八年有幸獲得友人的資助赴巴黎學畫，並得到羅丹等藝術大師的親授與肯定，這些多元文化的生活經歷和家庭的變故，深化他思想中一種跨越國度與文化的信仰。

在我查閱的資料中，紀伯倫沒有特別明顯的宗教信仰傾向，但是在《先知》一書的篇章裡，可以感受到文字中流露出神祕主義的氛圍。這樣的神祕色彩，令人聯想到伊斯蘭教中一支特別的教派和哲學——「蘇菲教派」，以及一位代表性的詩人魯米（Rumi）。下面這首詩是魯米的作品〈讓我們來談談我們的靈魂〉：

讓我們來談談我們的靈魂

魯米

讓我們來談談我們的靈魂
讓我們甚至躲開
自己的耳目
就像玫瑰花園一樣
永遠展露微笑
就像幻想一樣
永遠無聲地言說
就像精神一樣
統治著世界

用無言
訴說祕密

讓我們遠離
所有聰明的人
他們教我們該說些什麼
讓我們只說出
我們的心願
甚至我們的手腳
都會感知每一個內在的行動
讓我們保持安靜

跟隨內心的指引
神祕的命運
知曉每一粒塵埃的一生
讓我們講述我們的故事
有如一粒微塵

選自博集天卷《讓我們來談談我們的靈魂》
（科爾曼・巴克斯英譯，萬源一中譯）

各位讀完這首詩，是否覺得與《先知》書中的篇章很相似？同樣散發著智慧的靈光，既有出世的靈性，又懷有對現世的關懷。

魯米是十三世紀伊斯蘭教蘇菲教派的重要詩人。他的作品於十九世紀始被引介到西方世界，許多歷史學家和現代文學家視之為人類歷史上影響力最大的詩人兼哲學家之一，可與西方的但丁、莎士比亞媲美，至今被公認為世界文學中的瑰寶。

魯米所代表的蘇菲教派雖然是伊斯蘭教的一個支派，但與兩大主流教派什葉派和遜尼派不同。蘇菲教派對真主的信仰並不是建立在崇敬和懼怕，而是透過自我修行、音樂、迴旋舞蹈與沉思冥想的方式，在最平凡的生活中尋找神給予這世界的愛。他們是沉靜、虔誠和謙卑的信仰者。他們更相信，世間萬物雖然有別，可是本源皆為一體，唯有踏上尋找神的旅程，才有看見宇宙真實面貌和「愛」這偉大力量的機會。

我沒有證據說紀伯倫是蘇菲教派或哲學的信徒，但蘇菲哲學中對生命存在的探討、生活意義的思考，與紀伯倫《先知》這本書想提醒世人的思想，有高度的相似性。這個發現提供我從宗教哲學的面向，而非單純文字美感的感動，來理解

《先知》這本書。

Q4 為什麼故事的主人翁要設定為「先知」？

依據書中對先知阿穆斯塔法的描述，他是一位有高度智慧與靈性覺察，了悟生命哲理的人。他超越了時代而存在，為看不清未來、困惑於當下的人提供一個值得前進的目標，喚醒他們內在心靈的覺醒，憶起遺忘的本心和世間的道理。

就讀者的立場來看，《先知》的內容可以看作是他人對生命的體悟。但是當讀者覺察到紀伯倫提供的不是他的答案，而是提供讀者一個「身分」，將自己化身為「先知」，以超越自身所處的維度反看困惑自己的問題，新的發現將成為希望，未被覺察的盲點可以被理解，生活中的關鍵命題重新被放在新的度量上檢視，生命的蛻變將展開，重新相信神對人的愛。

Q5 這些核心概念統整起來，作者想說什麼？

我讀完《先知》，思考著所有的提問和先知的回答，忽然發現書中的先知洞見了人類共通的一個問題：人不是沒有答案，而是困惑於答案。提問的人表面上問了一個具體的問題，但他真正需要的其實是釐清答案的依據。因此，先知看似給予答案，其實他的回答都是以一種直接與內心對話，可以建立經驗共感的溫暖語言，去定義事物內涵、詮釋意義。這個基礎建立起來，思考事物、判斷事理都有了依據，問題得以釐清，答案將會在提問者心中逐漸清晰，而這逐漸清晰的過程也在讀者心中發生。所以，《先知》這本書才會透過一個接一個問題的回答，在讀者心中建立一套價值與情感的參照系統，做為體悟、思考與判斷的基礎。當身心歸位，迷惘的人就會有解答。

現在，我們回顧一下我在這場探究歷程出發時所提出的第一個問題：

Q6 一位黎巴嫩作家的作品被西方譽為「小聖經」，只因為許多媒體與讀者在讀完作品後，感動於作品中充滿「愛」與「美」的內容嗎？

回答這問題需要從《先知》出版的年份說起。前面談到，先知回應的是對生命與生活充滿困惑的心靈，事實上陷入對世界困惑的不只是書中的人，更是《先知》出版當時的整個西方世界。

第一次世界大戰在一九一八年結束。西方文明從啟蒙時代發展的成就，包含理性精神、宗教信仰、道德價值等，都因戰爭這樣毀滅性的行為而全面崩壞。當人們對生活、社會、文化甚至是人性與精神的認知都失去核心價值時，就會集體陷入迷惘與困惑——「迷惑的一代」就是足以代表那個世代心境的名詞。《先知》出版於一九二三年，這本書溫暖而充滿愛的內容，給予西方世界的讀者一種以愛為核心的洞見，在人們失去希望而荒蕪的內心，重建傾倒的價值、看見生命的本相和新的希望，因而傳閱至今成為經典。如美國總統羅斯福曾如此讚賞紀伯倫與《先知》一書：「你是最早從東方吹來的風暴，橫掃了西方，但它帶給我們海岸的全是花香。」

《先知》這本書，在我高中讀過第一次之後，就一直在我書架上，後來還陸續收集包括英文在內不同的版本。高中正是青春叛逆的階段，面對朋友關係、第一次偷偷喜歡的女孩、家庭的相處、蛻變中的身體、與多數人不同的想法、困惑於如何抉擇……，凡此種種都如同一場接一場的內心大戰，問題多過於答案，心中滿是迷惘徬徨。就在那時候我讀到紀伯倫的《先知》，書中如同詠歎調的浪漫抒情文字，傳達直通靈魂的生命洞見，震撼我的同時，也逐漸為我心中的疑問填上答案。

對我來說，《先知》像是一本辭典，但不是解釋字詞的辭典，而是生命的辭典。當內心枯竭、世界模糊的時候，我總會把它找出來翻閱，看見存在於字句和人心之中關於愛和美的神聖。

紀伯倫走完他短暫四十八年的生命，遺體最終安置在故鄉的修道院，供後人永世瞻仰，門口的雪松木板上刻著他為自己寫的墓誌銘：「我要在墓碑上寫下這樣的話：我站在你身邊，像你一樣的活著。把眼睛閉上，目視你的心，然後轉過臉，我的身體與你同在。」

我認為紀伯倫在某種意義上已經化身為《先知》這本書，守在我們身邊，每當我們翻開這本書閱讀，他就再次甦醒過來……傾聽……回答……

Q7 我這樣的理解合理嗎？

我們再一次透過一個核心的提問，開啟探究的閱讀歷程，不過這次我們將這觀念落實在一本書上，探究的主題涵蓋寫作手法、字句內容、主題設定、作者背景、時代環境，到作者與作品價值的評鑑省思。在這段探究歷程中，有許多內容來自於作品文本，但更多的理解是我自己在資料的搜尋、閱讀、分析、統整等過程才明白。

若後設這整個過程，不知道各位是否發現，帶我們在《先知》這本書中走這麼遠、探究這麼多原本可能不會知道的內容，不是因為我們已經知道多少，而是我們想要知道多少。每個提問的背後，是那渴望理解的探究靈魂——不受方法框架制約，不受知識本位限制，不因科別興趣設限，不因陌生而裹足。

關於紀伯倫的《先知》，我分享個人對這本書的提問和理解過程，你認為合理嗎？你的觀點是什麼？如果你願意把我的結果視為問題，繼續探究下去，那麼你將得到這篇文本為你準備的練習。而各位在過程中，也就真正成為一位探究閱讀者。

願閱讀與你同在……

？探究時間

閱讀完《先知》兩篇選文，邀請你動動腦，寫下你對於這兩篇文章的……

3個能表達你感受的形容詞：

2個以問號結尾的好奇疑問：

1個你不曾有過的新奇發現：

1個你認為重要的核心概念：

國家圖書館出版品預行編目 (CIP) 資料

探究式閱讀：黃國珍的閱讀進階課，從自我提問到深度思考，帶你讀出跨域素養力／黃國珍作．-- 第一版．-- 臺北市：親子天下，2020.09
280 面；14.8×21 公分．--（學習與教育系列；215）
ISBN 978-957-503-678-2（平裝）

1. 閱讀指導

019.1　　109013665

學習與教育 215

探究式閱讀

黃國珍的閱讀進階課，從自我提問到深度思考，帶你讀出跨域素養力

作　　者｜黃國珍
責任編輯｜陳以音、李佩芬
編輯協力｜林穀香
校　　對｜魏秋綢
內文、封面設計｜黃育蘋
內頁排版｜張靜怡
行銷企劃｜林靈姝

天下雜誌群創辦人｜殷允芃
董事長兼執行長｜何琦瑜
媒體暨產品事業群
總 經 理｜游玉雪
副總經理｜林彥傑
總監｜李佩芬
副總監｜陳珮雯
版權主任｜何晨瑋、黃微真

出 版 者｜親子天下股份有限公司
地　　址｜台北市 104 建國北路一段 96 號 4 樓
電　　話｜(02) 2509-2800　傳真｜(02) 2509-2462
網　　址｜www.parenting.com.tw
讀者服務專線｜(02) 2662-0332　週一～週五：09:00~17:30
讀者服務傳真｜(02) 2662-6048
客服信箱｜parenting@cw.com.tw

法律顧問｜台英國際商務法律事務所　羅明通律師
製版印刷｜中原造像股份有限公司
總 經 銷｜大和圖書有限公司　電話｜(02) 8990-2588

出版日期｜2020 年 9 月第一版第一次印行
　　　　　2023 年 6 月第一版第七次印行
定　　價｜380 元
書　　號｜BKEE0215P
I S B N｜978-957-503-678-2（平裝）

訂購服務
親子天下 Shopping｜shopping.parenting.com.tw
海外・大量訂購｜parenting@cw.com.tw
書香花園｜台北市建國北路二段 6 巷 11 號　電話｜(02) 2506-1635
劃撥帳號｜50331356 親子天下股份有限公司